DR. OETKER

WINTER SALATE

DR. OETKER

WINTER SALATE

Dr. Oetker Verlag

VORWORT

Fitmacher voller Vitamine

Salat im Winter? Gerade im Winter! Denn Wintersalate punkten mit Zutaten, die uns in der kalten Jahreszeit mit reichlich Vitaminen versorgen und dabei so lecker schmecken, dass sie auch mal die Hauptrolle übernehmen können.

Jetzt rücken andere Salatsorten und Gemüse in den Mittelpunkt: Feldsalat, Radicchio oder Endivie eignen sich für schmackhafte Salate ebenso wie Rotkohl, Kürbis und Rote Bete.

Kombiniert mit einem leichten Dressing, knackigen Äpfeln und exotischer Ananas entstehen daraus frische und gesunde Rezeptideen, die dafür sorgen, dass wir gesund bleiben und uns wohl fühlen.

Mit etwas Fleisch oder Fisch wird aus einem Salat ganz schnell eine vollständige Mahlzeit. Aber auch als Vorspeise oder Beilage machen diese Salate eine gute Figur.

Alle Rezepte wurden von uns getestet und sind so beschrieben, dass sie Ihnen garantiert gelingen.

VEGETARISCHE & VEGANE SALATE

Dass es auch ohne Fleisch und Fisch und sogar ganz ohne tierische Produkte geht, zeigen diese raffinierten Salatideen.

Schon mal aus Rotkohl Salat gemacht? Oder aus Kürbis? In Verbindung mit süßem Obst und einem herzhaften Dressing entstehen Salate, die auch den letzten Salat-Muffel überzeugen.

Feldsalat und Eisbergsalat sind ja fast schon Klassiker in der Küche. Aber Rote Bete mit Mohn-Käse – das müssen Sie unbedingt mal probieren.

FELDSALAT MIT GRAPEFRUIT
UND ROSMARIN-HONIG-DRESSING
ERFRISCHEND – AROMATISCH

4 Portionen

Pro Portion:
E: 7 g, F: 19 g, Kh: 10 g,
kJ: 1008, kcal: 241, BE: 0,5

Zum Vorbereiten:
2 EL gestiftelte oder gehobelte
  Mandeln
1 rosa Grapefruit

Für das
Rosmarin-Honig-Dressing:
1 Stängel Rosmarin
1 Schalotte
2 EL Weißweinessig
1 TL flüssiger Honig
Salz
gemahlener Pfeffer
4–5 EL Distelöl

1 gelbe Paprikaschote
150 g Feldsalat
1 kleiner Lollo Rosso
40 g Parmesan am Stück

Zubereitungszeit:
20 Minuten, ohne Abkühlzeit

1 Die Mandeln in einer Pfanne ohne Fett unter Wenden hellbraun rösten und auf einem Teller erkalten lassen.

2 Die Grapefruit so schälen, dass die weiße Haut mitentfernt wird. Das Grapefruitfruchtfleisch mit einem scharfen Messer filetieren, dabei den Saft für das Dressing auffangen.

3 Für das Dressing Rosmarin abspülen, trocken tupfen und die Nadeln von dem Stängel zupfen. Rosmarin fein hacken. Schalotte abziehen und sehr fein würfeln. Den aufgefangenen Grapefruitsaft mit Essig und Honig verrühren. Rosmarin und Schalottenwürfel unterrühren. Das Dressing mit Salz und Pfeffer abschmecken. Zuletzt das Öl unterschlagen.

4 Paprikaschote halbieren, entstielen, entkernen und die weißen Scheidewände entfernen. Schote abspülen, abtropfen lassen und in feine Streifen schneiden.

5 Feldsalat verlesen und Wurzelansätze abschneiden. Lollo Rosso putzen, Salate waschen und gut abtropfen lassen oder trocken schleudern. Salatblätter in mundgerechte Stücke zupfen.

6 Parmesan mit einem Sparschäler oder einem Käsehobel in feine Späne hobeln. Salate, Grapefruitfilets und Paprikastreifen in einer Schüssel mischen. Das Dressing untermischen. Den Salat mit Mandeln und Parmesan bestreut servieren.

TIPP:

Das aromatische Rosmarin-Honig-Dressing schmeckt statt mit Distelöl auch mit Olivenöl, Walnussöl oder einer Mischung aus Distel- und Kürbiskernöl. Probieren Sie diesen Salat statt mit Feldsalat einmal mit Portulak. Die zarten, glatten, recht fleischsaftigen Blätter bilden eine Blattrosette, bei der zum Putzen einfach der Wurzelansatz abgeschnitten wird. Der angenehm, leicht säuerlich-würzig schmeckende Salat ist reich an Vitaminen und Mineralstoffen.

SCHARFER KÜRBISSALAT
MIT WALNUSS-JOGHURT

RAFFINIERT – FÜR GÄSTE

4 Portionen

Pro Portion:
E: 11 g, F: 48 g, Kh: 51 g,
kJ: 2859, kcal: 682, BE: 4,0

Für die Vinaigrette:
1 Bio-Orange
1 Orange
50 g getrocknete Soft-Feigen
1–2 EL Harissa (Gewürzpaste,
 ersatzweise Cayennepfeffer)
5 EL flüssiger Honig,
 z. B. Akazienhonig
200 ml Orangensaft
 (von den Orangen)
5 EL Zitronensaft
Salz
9 EL Olivenöl

1,2 kg Hokkaido-Kürbis
250–300 ml Wasser

Für den Walnuss-Joghurt:
4 Frühlingszwiebeln (etwa 80 g)
30 g Walnusskerne
6 Stängel Dill
500 g griechischer Sahnejoghurt
 (10 % Fett)

4 Stängel glatte Petersilie
2 Stängel Minze

Zubereitungszeit:
45 Minuten, ohne Durchziehzeit

1 Für die Vinaigrette Bio-Orange heiß abwaschen, abtrocknen und ein Achtel der Schale mit einem Zestenreißer abziehen. Beide Orangen halbieren, den Saft auspressen und 200 ml Saft abmessen.

2 Feigen in kleine Würfelchen schneiden, mit Harissa oder Cayennepfeffer, Honig, Orangensaft, -schale, Zitronensaft und Salz verrühren. 6 Esslöffel Olivenöl unterschlagen.

3 Den Kürbis abspülen, abtropfen lassen, halbieren und die Kerne mit einem Löffel herausschaben. Den Kürbis mit der Schale zuerst in etwa 2 cm breite Scheiben, dann in Würfel schneiden. Restliches Olivenöl in einer weiten Pfanne erhitzen und Kürbiswürfel darin bei starker Hitze etwa 4 Minuten von allen Seiten leicht anbraten. Mit Wasser ablöschen, zum Kochen bringen und einkochen lassen, bis die Kürbiswürfel gar, aber noch etwas bissfest sind. Die Pfanne von der Kochstelle nehmen. Die Vinaigrette untermischen. Die Pfanne mit einem Deckel verschließen und Kürbiswürfel mindestens 30 Minuten durchziehen lassen.

4 Für den Walnuss-Joghurt die Frühlingszwiebeln putzen, abspülen, abtropfen lassen und in feine Scheiben schneiden. Die Walnusskerne grob hacken. Dill abspülen und trocken tupfen. Die Spitzen von den Stängeln zupfen und klein schneiden. Joghurt mit Frühlingszwiebelscheiben, Walnusskernen und Dill verrühren, mit Salz würzen.

5 Petersilie und Minze abspülen und trocken tupfen. Die Blättchen von den Stängeln zupfen. Blättchen grob zerschneiden und unter den Kürbissalat mischen. Den Kürbissalat mit dem Walnuss-Joghurt anrichten und servieren.

TIPP:
Harissa-Paste erhalten Sie im Asialaden oder in den Spezialitätenabteilungen von Supermärkten.

KARAMELLISIERTER
ANANAS-KÜRBIS-SALAT
... AUF DEM SALATBETT

6 Portionen

Pro Portion:
E: 2 g, F: 20 g, Kh: 18 g,
kJ: 1123, kcal: 268, BE: 1,5

Für den Salat:
425 g Ananasfruchtfleisch
500 g Hokkaido-Kürbis
2 EL Olivenöl
2 EL Zucker (etwa 25 g)

3 Schalotten (etwa 100 g)
2 Knoblauchzehen
3 milde Peperoni (etwa 50 g)
1–2 EL gehackte Koriander- oder
  glatte Petersilienblättchen

Für die Salatsauce:
75 ml Weißweinessig
Salz
gemahlener Pfeffer
100 ml Olivenöl

100 g Feldsalat
100 g Rucola (Rauke)
50 g Rote-Bete-Blätter (oder
  rot-grüner Pflücksalat)
100 g Portulak
½ Topf rotes Basilikum

Zubereitungszeit:
90 Minuten

1 Ananasfruchtfleisch zuerst in etwa 1 cm dicke Scheiben und dann in mundgerechte Stücke schneiden. Kürbis achteln, schälen und entkernen. Das Fruchtfleisch in kleine Stücke schneiden.

2 1 Esslöffel Olivenöl in einer beschichteten Pfanne erhitzen. Die Ananasstücke unter Wenden darin anbraten, mit etwa der Hälfte des Zuckers bestreuen, unter mehrmaligem Wenden die Ananasstücke karamellisieren. Die Ananasstücke in eine große Schüssel geben.

3 Restliches Olivenöl in der Pfanne erhitzen. Die Kürbisstücke darin ebenfalls unter Wenden anbraten, restlichen Zucker daraufstreuen und die Kürbisstücke unter Wenden karamellisieren. Die Kürbisstücke zu den Ananasstücken geben und abkühlen lassen.

4 Inzwischen Schalotten und Knoblauchzehen abziehen. Schalotten längs halbieren und in Scheiben schneiden. Knoblauch durch eine Knoblauchpresse drücken. Peperoni halbieren, entstielen, entkernen und die Scheidewände entfernen. Peperonihälften abspülen, abtropfen lassen und in feine Streifen schneiden.

5 Die Koriander- oder Petersilienblättchen mit Schalotten, Knoblauch und Peperoni unter die Ananas-Kürbis-Mischung rühren.

6 Für die Salatsauce Weinessig mit Salz und Pfeffer würzen, das Olivenöl unterschlagen. Die Salatsauce mit den Salatzutaten in der Schüssel gut vermischen, etwa 30 Minuten durchziehen lassen.

7 Inzwischen den Feldsalat putzen und die Wurzeln entfernen. Rucola, Rote-Bete-Blätter und Portulak verlesen und evtl. dicke Stängel entfernen. Basilikumblätter von den Stängeln zupfen. Die Salate und Blättchen abspülen und gut abtropfen lassen, evtl. leicht trocken schleudern.

8 Etwa drei Viertel der Blattsalate und Basilikumblättchen auf einer großen Platte zu einem Salatbett auslegen. Darauf den vorbereiteten Salat anrichten und mit den restlichen Salatblättern und Basilikumblättchen garniert servieren.

TIPP:
Der Salat kann bis einschließlich Punkt 6 etwa 4 Stunden vor dem Servieren zubereitet werden und zugedeckt im Kühlschrank durchziehen.

ANANAS-KRAUT-SALAT MIT PAPRIKASTREIFEN

PREISWERT – GUT VORZUBEREITEN

6 Portionen

Pro Portion:
E: 2 g, F: 7 g, Kh: 14 g,
kJ: 550, kcal: 131, BE: 1,0

Für den Salat:
750 g Weißkohl
Salz
1 rote Paprikaschote
175 g abgetropfte Ananasstücke
  (aus der Dose)
1 große Zwiebel
4 EL Olivenöl
4 EL Kräuteressig
1 EL mittelscharfer Senf
gemahlener Pfeffer
je ½ TL gemahlener Piment und
  Kümmelsamen
Ananassaft (aus der Dose)

Zubereitungszeit:
30 Minuten, ohne Durchziehzeit

1 Von dem Weißkohl die groben, äußeren Blätter lösen. Kohl vierteln und den Strunk herausschneiden. Kohlviertel auf einer stabilen Küchenreibe oder mit der Küchenmaschine in sehr feine Streifen hobeln oder schneiden. Kohlstreifen in eine große Schüssel geben. 2–3 Esslöffel Salz hinzugeben, mit den Händen gut durchkneten, bis die Kohlstreifen leicht glasig werden. Kohlstreifen etwa 1 Stunde durchziehen lassen.

2 Die Paprikaschote halbieren, entstielen, entkernen und die weißen Scheidewände entfernen. Die Schote abspülen, trocken tupfen und in schmale Streifen schneiden. Von den Ananasstücken den Saft auffangen. Ananasstücke evtl. etwas kleiner schneiden.

3 Die Kohlstreifen auf ein Sieb geben, etwas abtropfen lassen und wieder zurück in die Schüssel geben. Die Paprikastreifen und Ananasstücke gut untermischen.

4 Die Zwiebel abziehen, zuerst in dünne Scheiben schneiden, dann in Ringe teilen. Olivenöl in einer Pfanne erhitzen. Die Zwiebelringe darin kurz andünsten, herausnehmen und zum Ananas-Kraut-Salat in die Schüssel geben. Das verbliebene Bratfett (Olivenöl) mit Essig, Senf, Pfeffer, Piment und Kümmel verschlagen. Die Hälfte des aufgefangenen Ananassaftes unterrühren. Die Marinade zum Ananas-Kraut-Salat geben, gut untermischen und etwa 30 Minuten durchziehen lassen. Ananas-Kraut-Salat vor dem Servieren nochmals mit Salz und Pfeffer abschmecken.

Beilage: Ofenfrisches Baguette.

TIPP:

Dieser Salat lässt sich prima vorbereiten.
Wer es noch etwas pikanter und auch ein bisschen scharf mag, mariniert den Salat statt mit dem Ananassaft aus der Dose mit 100 ml Chilisauce aus dem Glas (erhältlich im Asialaden).

SALAT AUS GEBACKENER ROTER BETE

RAFFINIERT

4 Portionen

Pro Portion:
E: 13 g, F: 32 g, Kh: 20 g,
kJ: 1776, kcal: 425, BE: 1,5

Für den Salat:
125 g Heidelbeeren
4 EL Balsamico-Essig
700 g kleine Rote Bete
  (je etwa 60 g)
1 Zwiebel (etwa 50 g)
3 Stängel Thymian
7 EL Olivenöl
½ TL gemahlener Zimt
150 ml Möhrensaft
Salz
Cayennepfeffer
2 EL Quittengelee
2 EL Mohnsamen, ganz
150 g Rucola (Rauke)
200 g Brie-Käse

Zubereitungszeit:
45 Minuten, ohne Marinierzeit
Garzeit: etwa 60 Minuten

1 Die Heidelbeeren verlesen, abspülen, abtropfen lassen, in einer Rührschüssel mit Balsamico-Essig mischen und mindestens 3 Stunden marinieren.

2 Den Backofen vorheizen.
Ober-/Unterhitze: etwa 180 °C, Heißluft: etwa 160 °C

3 Rote Bete gründlich waschen, abtropfen lassen, schälen und jeweils der Länge nach halbieren (evtl. mit Haushaltshandschuhen arbeiten, da Rote Bete stark färbt).

4 Zwiebel abziehen und in kleine Würfel schneiden. Thymian abspülen und trocken tupfen. Die Rote-Bete-Hälften mit den Zwiebelwürfeln in eine kleine Auflaufform geben. 3 Esslöffel Olivenöl, Zimt, Möhrensaft, Salz, Cayennepfeffer, Thymianstängel und Quittengelee hinzugeben. Die Zutaten gut vermischen. Die Form ganz fest mit Alufolie verschließen und für den Dampfabzug 3–4 kleine Löcher in die Oberfläche stechen.

5 Die Form auf dem Rost in den vorgeheizten Backofen (unteres Drittel) schieben. Rote Bete etwa 60 Minuten garen.

6 Die Form auf einen Rost stellen. Rote Bete in dem Schmorfond lauwarm abkühlen lassen.

7 Mohnsamen in einer Pfanne ohne Fett unter Wenden leicht rösten, herausnehmen und auf einem Teller erkalten lassen. Rucola putzen, abspülen, trocken tupfen oder schleudern. Die dicken Stiele entfernen. Den Käse in etwa 3 cm lange Stücke schneiden und in dem Mohn wenden.

8 Heidelbeeren auf einem Sieb abtropfen lassen, die Balsamico-Flüssigkeit dabei auffangen. Rote Bete ebenfalls auf ein Sieb geben, abtropfen lassen, den Schmorfond dabei auffangen und 50 ml Fond abmessen. Balsamico-Flüssigkeit mit dem Schmorfond verrühren. Restliches Olivenöl unterschlagen, evtl. mit Salz abschmecken.

9 Rucola mit der Roten Bete und den Heidelbeeren auf Tellern anrichten und mit der Vinaigrette beträufeln. Den Brie darauf verteilen und servieren.

TIPP:
Zu dem Salat passt sehr gut Walnussbrot.

EISBERG-CAMEMBERT-SALAT
MIT JOGHURT-SENF-DRESSING
EINFACH NUR LECKER

4 Portionen

Pro Portion:
E: 21 g, F: 27 g, Kh: 7 g,
kJ: 1492, kcal: 357, BE: 0,5

Für den Salat:
2 EL gehackte Haselnusskerne

Für das Joghurt-Senf-Dressing:
150 g Joghurt (3,5 % Fett)
2 EL Zitronensaft
1–2 TL milder Senf
1–2 EL Nussöl
  (z. B. Walnussöl, 10–20 g)
Salz
gemahlener Pfeffer
Zucker

1 Kopf Eisbergsalat
2 mittelgroße Möhren (etwa 200 g)
75 g rosé Champignons
300 g Camembert

1 Kästchen Kresse

Zubereitungszeit:
15 Minuten

1 Nüsse in einer Pfanne ohne Fett unter Wenden hellbraun rösten, herausnehmen und erkalten lassen.

2 Für das Dressing Joghurt mit Zitronensaft und Senf verrühren. Öl unterschlagen und das Dressing mit Salz, Pfeffer und Zucker abschmecken.

3 Eisbergsalat vierteln, abspülen, abtropfen lassen und in mundgerechte Stücke schneiden. Möhren putzen, schälen, abspülen, abtropfen lassen und in feine Streifen schneiden oder grob raspeln.

4 Champignons putzen, mit Küchenpapier abreiben, evtl. kurz abspülen und gut abtropfen lassen. Champignons in Scheiben schneiden. Käse halbieren und in Scheiben schneiden.

5 Kresse abspülen, trocken tupfen und abschneiden. Eisbergsalat mit Möhren, Champignons und Käse vorsichtig vermischen. Das Joghurt-Senf-Dressing daraufgeben und den Salat mit Nüssen und Kresse bestreut servieren.

TIPP:
Der Salat schmeckt am besten mit knackigem kräftigen Blattsalat, wie Eisbergsalat, Römersalat oder auch Radicchio oder Chicorée.

SAUERKRAUT-FEIGEN-SALAT

FRUCHTIG – SCHNELL

6 Portionen

Pro Portion:
4 g, F: 11 g, Kh: 26 g,
kJ: 981, kcal: 235, BE: 2,0

Für den Salat:
600 g Sauerkraut
150 g getrocknete Feigen
250 g Ananas-Fruchtfleisch
200 g Schlagsahne
1–2 EL flüssiger Honig
gemahlener Zimt
gemahlene Nelken
½ TL Dr. Oetker Finesse Geriebene
   Zitronenschale

Zubereitungszeit:
30 Minuten

1 Sauerkraut mit einer Gabel auseinanderzupfen und in eine große Schüssel geben.

2 Von den Feigen die Stiele entfernen. Feigen in dünne Scheiben schneiden. Ananas-Fruchtfleisch in kleine Stücke schneiden.

3 Sahne halb steif schlagen. Mit Honig, Zimt, Nelken und Zitronenschale würzen. Die Sahnesauce mit den Salatzutaten vermengen. Den Salat nochmals mit den Gewürzen abschmecken.

TIPP:

Statt der frischen Ananas können Sie auch 1 Dose abgetropfte Ananasstücke (Abtropfgewicht 500 g) oder 500 g frische Ananasscheiben aus dem Kühlregal verwenden. Oder ersetzen Sie die Hälfte des Ananas-Fruchtfleisches durch Orangen-Fruchtfleisch. Dafür 3–4 Orangen filetieren. Die Salatzutaten in Portionsschälchen füllen und die Sahnesauce darauf verteilen. Mit gemahlenem Zimt bestäuben.

BABYSPINATSALAT MIT SCHARFEM HARISSA-JOGHURT

RAFFINIERT

4 Portionen

Pro Portion:
E: 15 g, F: 24 g, Kh: 20 g,
kJ: 1511, kcal: 361, BE: 1,5

Für den Salat:
200 g Babyspinat

Für den Harissa-Joghurt:
400 g Joghurt (3,5 % Fett)
3–4 TL Harissa
  (scharfe Gewürzpaste)
2 Bio-Limetten
Salz

Für die Croûtons:
4 Scheiben Vollkorntoast
2 EL Olivenöl
2 EL Butter

Für die pochierten Eier:
1 l Wasser
6 EL Weißweinessig
4 frische Eier (Größe M)

Zum Bestreuen:
100 g Rote-Bete-Sprossen

Zubereitungszeit:
30 Minuten

1 Den Babyspinat putzen, gründlich waschen, abtropfen lassen und in einer Salatschleuder trocken schleudern oder mit Küchenpapier trocken tupfen.

2 Joghurt mit Harissa (nach Geschmack und Schärfe) glatt rühren. Die Limetten heiß abwaschen und abtrocknen. Von einer Limette die Schale abreiben, Limetten halbieren und den Saft auspressen. Den Joghurt mit Salz, Limettenschale und -saft würzen.

3 Die Toastbrotscheiben entrinden und in gleich große Würfel schneiden. Olivenöl in einer Pfanne erhitzen, Butter darin zerlassen. Die Brotwürfel darin von allen Seiten rösten und leicht mit Salz würzen. Die Brotwürfel aus der Pfanne nehmen und auf Küchenpapier abtropfen lassen.

4 Wasser mit Essig in einem breiten, flachen Topf zum Kochen bringen. Die Eier nacheinander in 1 Tasse aufschlagen und vorsichtig in das siedende (nicht sprudelnd kochende) Wasser gleiten lassen. Eiweiß sofort mit 2 Esslöffeln an das Eigelb schieben. Die Eier bei schwacher Hitze 3–4 Minuten ohne Deckel gar ziehen lassen.

5 Die gegarten Eier mit einem Schaumlöffel aus dem Wasser nehmen, kurz in kaltes Wasser tauchen und abtropfen lassen.

6 Den Babyspinat mit der vorbereiteten Joghurtsauce vermengen und mit Salz abschmecken. Den Spinatsalat auf Teller geben und die pochierten, warmen Eier daraufsetzen. Den Salat mit Croûtons und Sprossen bestreuen.

Hinweis: Nur ganz frische Eier verwenden, die eine Resthaltbarkeit von mindestens 23 Tagen haben (Legedatum beachten!).

TIPP:
Statt mit pochierten Eiern können Sie den Salat auch mit wachsweich gekochten Eiern servieren.

TRAUBEN-APFEL-SALAT MIT KAPERN

FRUCHTIG

4 Portionen

Pro Portion:
E: 3 g, F: 4 g, Kh: 32 g,
kJ: 952, kcal: 228, BE: 3,0

Für den Salat:
2 EL Sonnenblumenkerne
600 g kernlose, helle Weintrauben
2 EL abgetropfte Kapern
2 große, süßliche Äpfel, z. B. Red
   Delicious oder Royal Gala

Für die Marinade:
1 EL Apfelessig
Salz
gemahlener Pfeffer
Zucker
2 EL Sonnenblumenöl

Zubereitungszeit:
15 Minuten, ohne Durchziehzeit

1 Die Sonnenblumenkerne in einer Pfanne ohne Fett unter Wenden goldbraun rösten, auf einen Teller geben und abkühlen lassen.

2 In der Zwischenzeit Weintrauben abspülen, abtropfen lassen und evtl. mit Küchenpapier trocken tupfen. Die Weintrauben entstielen, je nach Größe längs halbieren oder vierteln und mit den Kapern in einer Schüssel mischen.

3 Äpfel heiß abwaschen, abtrocknen, vierteln und das Kerngehäuse herausschneiden. Apfelviertel mit der Schale zuerst in Spalten, dann quer in Stücke schneiden. Die Apfelstücke, Sonnenblumenkerne, Weintrauben und Kapern in eine Schüssel geben und vorsichtig vermischen.

4 Apfelessig mit Salz, Pfeffer und Zucker verrühren, Sonnenblumenöl unterschlagen. Die Marinade über den Salat gießen. Den Salat gut durchziehen lassen.

5 Den Salat vor dem Servieren nochmals mit den Gewürzen abschmecken.

TIPP:

Sonnenblumenöl ist relativ neutral im Geschmack. Wer möchte, nimmt für ein intensiv herb-süßes Aroma ein Traubenkernöl oder für eine nussige Note ein Kürbiskern- oder Walnussöl.

ROTKOHL-ROHKOST-SALAT

FOTO – FRUCHTIGER GENUSS

4 Portionen

Pro Portion:
E: 6 g, F: 6 g, Kh: 20 g,
kJ: 709, kcal: 170, BE: 2,0

Für den Salat:
600 g Rotkohl
2 Orangen (etwa 450 g)

Für die Sauce:
1 Banane (etwa 150 g)
300 g Joghurt (1,5 % Fett)
1 EL Nussöl
2 EL Schnittlauchröllchen
Salz, gemahlener Pfeffer
15 g Pinienkerne

1 Rotkohl putzen, vierteln und den Strunk herausschneiden. Rotkohl auf einem Gemüsehobel hobeln. Die Orangen so schälen, dass die weiße Haut mitentfernt wird. Orangen filetieren, dabei den Saft auffangen.

2 Für die Sauce die Banane schälen, in Stücke schneiden, mit Joghurt und Nussöl in einen hohen Rührbecher geben und fein pürieren. Die Sauce mit aufgefangenem Orangensaft und Schnittlauchröllchen verrühren, mit Salz und Pfeffer würzen.

3 Rotkohl mit Orangenfilets und der Sauce mischen und den Salat mit Pinienkernen bestreut servieren.

Zubereitungszeit: 35 Minuten

ROTKOHLSALAT MIT TOFUBRÖSELN

GUT VORZUBEREITEN

4 Portionen

Pro Portion:
E: 5 g, F: 16 g, Kh: 7 g,
kJ: 842, kcal: 201, BE: 0,5

Für den Salat:
1 kleiner Rotkohl (300–400 g)
1 mittelgroße Zwiebel
2–3 EL Weißweinessig
Salz, gemahlener weißer Pfeffer
Zucker
4 EL Sonnenblumenöl
2 EL Sesamsamen
125 g Tofu

Zubereitungszeit:
25 Minuten, ohne Durchziehzeit

1 Vom Rotkohl die groben äußeren Blätter entfernen. Kohl vierteln und den Strunk herausschneiden. Kohlviertel abspülen, abtropfen lassen und sehr fein schneiden oder hobeln. Zwiebel abziehen und in sehr feine Würfel schneiden.

2 Essig mit Salz, Pfeffer und 1 Prise Zucker in einer Schüssel verrühren, Sonnenblumenöl unterschlagen. Rotkohlstreifen und die Zwiebelwürfel unter die Marinade mischen. Den Salat zugedeckt etwa 30 Minuten durchziehen lassen.

3 Sesam in einer Pfanne ohne Fett unter Wenden kurz anrösten. Tofu in Würfel schneiden. Beides auf dem Salat verteilen.

TIPP:

Tofu ist aufgrund seines neutralen Geschmacks durch die unterschiedlichsten Gewürzvarianten sehr wandelbar. Für Vegetarier und Veganer ist er eine hervorragende Eiweißquelle. Tofu enthält zudem Eisen und Kalzium. Er ist laktose-, gluten- und cholesterinfrei.

SALATE MIT GETREIDE & HÜLSENFRÜCHTEN

Kernige Salate mit Hirse, Quinoa, Bohnen und Linsen liefern Magnesium für die Muskeln, Kalzium für die Knochen und halten durch reichlich Ballaststoffe lange satt.

Darüberhinaus sind sie aber auch einfach nur lecker. Bohnen mit Frischkäse- oder Linsen mit Senfdressing – so genießt man heute. Versuchen Sie einmal Kichererbsen mit Avocado, Orangen und Granatapfel. Das macht auch optisch eine Menge her.

GRÜNKOHL-LINSEN-SALAT

FÜR GÄSTE

4 Portionen

Pro Portion:
E: 21 g, F: 31 g, Kh: 30 g,
kJ: 2068, kcal: 493, BE: 2,5

Für die Linsen:
150 g rote Linsen
4 Wacholderbeeren
½ TL Fenchelsamen
2 EL neutrales Speiseöl, z. B. Rapsöl
200 ml Wasser
40 g Korinthen
Salz

Für die Salatsauce:
3–4 EL Weißweinessig
gemahlener Pfeffer
1 TL Agavendicksaft
5 EL Walnussöl

400 g frischer Grünkohl (möglichst
  nur die kleinen, hellen Blätter)
150 g Mini-Mozzarella-Kugeln
30 g gestiftelte Mandeln

Zubereitungszeit:
40 Minuten, ohne Abkühl- und
Marinierzeit

1 Linsen auf einem Sieb abspülen und abtropfen lassen. Wacholder-beeren und Fenchel in einem Mörser zerdrücken. Öl in einem Topf erhitzen und zerdrückte Gewürze darin kurz andünsten. Linsen unterrühren. Wasser dazugeben, aufkochen und die Linsen zuge-deckt etwa 8 Minuten bei mittlerer Hitze garen.

2 Die Korinthen abspülen, abtropfen lassen und hacken. Die Ko-rinthen unter die heißen Linsen rühren. Die Mischung salzen und erkalten lassen.

3 Für die Salatsauce Essig, Salz, Pfeffer, Agavendicksaft und Nussöl verrühren und abschmecken. Linsen-Korinthen-Mischung unter-rühren durchziehen lassen.

4 Grünkohl putzen, waschen, trocken schleudern, Blattrippen entfernen und die Blätter sehr klein zupfen. Mozzarella-Kugeln abtropfen lassen und durchschneiden. Mandeln in einer Pfanne ohne Fett unter Wenden goldbraun rösten.

5 Grünkohl, Mozzarella und Linsen mit der Vinaigrette in einer Schüssel mischen und 10 Minuten marinieren. Den Salat anrichten und mit Mandeln und etwas grobem Pfeffer bestreuen.

TIPP:

Linsen sind, wie alle Hülsenfrüchte, gute Eiweißlieferanten. Außerdem sind Linsen reich an Ballast- und Mineralstoffen sowie an Spurenelementen wie Eisen. Eisen ist wichtig für unsere Leistungsfähigkeit. Eisen aus pflanzlichen Lebensmit-teln wird vom Körper besser aufgenommen, wenn Sie dazu Vitamin-C-haltige Lebensmittel, zum Beispiel Orangensaft, kombinieren. Rote Linsen haben den Vorteil, dass sie nicht eingeweicht werden müssen und dabei eine Garzeit von nur etwa 10 Minuten haben.

FELDSALAT AUF ERBSENPÜREE

RAFFINIERT – FÜR GÄSTE

4 Portionen

Pro Portion:
E: 17 g, F: 32 g, Kh: 18 g,
kJ: 1836, kcal: 439, BE: 1,5

Zum Vorbereiten:
100 g getrocknete grüne Erbsen

1 TL getrocknete Minze

Für den Salat:
120 g Feldsalat
1 Salatgurke (500 g)
Salz
1 reifer Granatapfel (350 g)
6 EL Olivenöl
gemahlener Pfeffer
gemahlener Koriander
2–3 TL Zitronensaft
30 g Pinienkerne
200 g Schafskäse

Zubereitungszeit:
70 Minuten, ohne Einweich- und
Abkühlzeit

1 Am Vortag die Erbsen in 400 ml kaltem Wasser einweichen und zugedeckt mindestens 12 Stunden quellen lassen.

2 Am Folgetag die Erbsen mit dem Einweichwasser aufkochen und den Schaum abschöpfen. Die Minze zu den Erbsen geben. Die Erbsen bei schwacher Hitze etwa 50 Minuten zugedeckt garen. Die gegarten Erbsen auf einem Sieb abtropfen lassen, dabei die Flüssigkeit auffangen. Erbsen und Flüssigkeit erkalten lassen.

3 Inzwischen den Feldsalat waschen, putzen und trocken schleudern. Die Gurke waschen, trocken tupfen, durchschneiden, evtl. die Hälfte der Gurke entkernen. Die Gurke auf dem Gemüsehobel in dünne Scheiben hobeln. Gurkenscheiben in eine Schüssel geben, mit ½ Teelöffel Salz mischen und Saft ziehen lassen.

4 Aus dem Granatapfel die Kerne herauslösen. Dafür den Granatapfel von der Blüte bis zum Stielansatz 5–6 mal einritzen. Den Granatapfel über einer Schüssel vorsichtig aufbrechen und die Kerne ohne Schale und weiße Haut herauslösen (Vorsicht, es spritzt).

5 Für das Erbsenpüree die eingeweichten Erbsen mit 2–3 Esslöffeln Einweichwasser und 4 Esslöffeln Olivenöl pürieren, mit Salz, Pfeffer, Koriander und etwa 1 Teelöffel Zitronensaft würzen.

6 Die Pinienkerne in einer Pfanne ohne Fett unter Wenden rösten und auf einem Teller erkalten lassen. Gurkenscheiben abtropfen lassen. Den Schafskäse trocken tupfen.

7 Für die Salatsauce restlichen Zitronensaft, Salz, Pfeffer und restliches Olivenöl verrühren, den Feldsalat darin wenden.

8 Das Erbsenpüree auf eine Platte oder 4 Teller geben. Feldsalat, Gurkenscheiben und Pinienkerne darauf verteilen. Schafskäse darüber bröseln. Mit Granatapfelkernen bestreuen.

TIPP:

Pinienkerne enthalten das Spurenelement Selen. Es soll unsere Zellen vor freien Radikalen und damit zum Beispiel vor Infektionen oder Herz-Kreislauf-Erkrankungen schützen. Pinienkerne punkten zudem mit Vitamin A und Phosphor.

HIRSE-KÜRBIS-SALAT

PREISWERT

4 Portionen

Pro Portion:
E: 24 g, F: 25 g, Kh: 34 g,
kJ: 1955, kcal: 467, BE: 2,5

Für den Salat:
120 g Hirse
250 ml Gemüsebrühe (Instant)
½ Hokkaido-Kürbis (etwa 500 g)
200 g rote Zwiebeln
400 g Kasseler Lachsbraten
6 EL neutrales Speiseöl
70 ml Wasser
Salz
gemahlener Pfeffer

Für die Salatsauce:
3–4 EL Obstessig
2–3 TL Honig
20 g schwarze Sesamsamen

1 Bund glatte Petersilie

Zubereitungszeit:
40 Minuten, ohne Abkühlzeit

1 Hirse waschen und auf einem Sieb abtropfen lassen. Brühe aufkochen, die Hirse hineinstreuen und aufkochen lassen. Die Hirse bei schwacher Hitze etwa 12 Minuten zugedeckt garen. Die Hirse in einer großen Schüssel abkühlen lassen.

2 Inzwischen den Kürbis waschen, die Kerne und den faserigen Innenteil entfernen. Den Kürbis erst in Spalten, dann quer in dünne Scheiben schneiden. Die Zwiebeln schälen, halbieren und in Spalten schneiden. Kasseler in etwa 1 ½ cm große Würfel schneiden, dabei evtl. die Haut abschneiden.

3 Zwei Esslöffel Öl in einer Pfanne erhitzen und die Kasseler Würfel rundherum bei mittlerer Hitze braten, auf einen Teller geben und abkühlen lassen.

4 Kürbisspalten in die Pfanne geben und bei mittlerer Hitze von beiden Seiten kurz anbraten. Zwiebelspalten dazugeben, anbraten, mit Wasser ablöschen und etwa 5 Minuten bei milder Hitze braten. Mit Salz und Pfeffer bestreuen.

5 Für die Salatsauce Essig, Salz, Pfeffer, Honig und restliches Öl verrühren. Salatsauce, Zwiebel-Kürbisgemüse, Fleischwürfel und Sesam unter die Hirse rühren und 10 Minuten durchziehen lassen.

6 Petersilie abspülen, trocken tupfen, die Blätter von den Stängeln zupfen und unter den Salat rühren. Mit Salz, Pfeffer und Essig abschmecken.

TIPP:

Bestreuen Sie den Salat vor dem Servieren mit einigen gerösteten Kürbiskernen. Kürbiskerne punkten mit B-Vitaminen, einem relativ hohen Vitamin-E-Gehalt sowie Mineralstoffen und Spurenelementen. Sie enthalten viel Fett, vor allem aber gesunde, ungesättigte Fettsäuren.

LINSENSALAT MIT SENFDRESSING

GUT VORZUBEREITEN

4–6 Portionen

Pro Portion:
E: 26 g, F: 17 g, Kh: 56 g,
kJ: 2030, kcal: 485, BE: 4,0

Für den Salat:
500 g getrocknete Tellerlinsen
1 ¾ l Gemüsebrühe
1 Gemüsezwiebel
1 Bund Suppengrün (Möhre,
  Porree, Sellerie)

Für das Dressing:
1 geh. EL Salatmayonnaise
2 geh. EL mittelscharfer Senf
60 ml Speiseöl, z. B. Sonnenblumenöl
60 ml Gemüsebrühe
1 Prise Zucker
Salz
gemahlener Pfeffer
2 EL Weißweinessig

1 Kästchen Kresse

Zubereitungszeit:
25 Minuten, ohne Abkühl- und
Durchziehzeit
Garzeit: 35–45 Minuten

1 Für den Salat Linsen abspülen, abtropfen lassen und mit der Brühe in einem Topf zum Kochen bringen. Die Linsen 35–45 Minuten garen (dabei die Packungsanleitung beachten, die Linsen sollten noch etwas Biss haben).

2 In der Zwischenzeit die Gemüsezwiebel abziehen, halbieren und fein würfeln. Das Suppengrün putzen, abspülen, abtropfen lassen und in feine Würfel oder Streifen schneiden.

3 Zwiebelwürfel und Gemüsewürfel etwa 10 Minuten vor Ende der Garzeit zu den Linsen geben und mitkochen lassen.

4 Linsen und Gemüse in ein Sieb abgießen, dabei die Gemüsebrühe auffangen. Das Linsengemüse kalt abschrecken und gut abtropfen lassen. Die Zutaten erkalten lassen.

5 Für das Dressing Mayonnaise mit Senf verrühren. Speiseöl nach und nach unterschlagen. Von der aufgefangenen Gemüsebrühe 60 ml abmessen und unterrühren. Das Dressing mit Zucker, Salz, Pfeffer und Essig abschmecken, mit dem Salat vermischen. Den Linsensalat gut durchziehen lassen und bis zum Verzehr zugedeckt in den Kühlschrank stellen.

6 Kresse abspülen, trocken tupfen und mit einer Küchenschere abschneiden. Die Hälfte der Kresse unter den Salat geben. Den Linsensalat mit der restlichen Kresse garniert servieren.

TIPP:
Wenn Sie mögen, können Sie noch 400 g fein gewürfelte Fleischwurst unter den Salat heben.

SALAT VON ZWEIERLEI BOHNEN

ZUM SATTESSEN

4 Portionen

Pro Portion:
E: 17 g, F: 6 g, Kh: 31 g,
kJ: 1047, kcal: 250, BE: 2,5

Für den Salat:
250 g abgetropfte Kidneybohnen
  (aus der Dose)
250 g abgetropfte weiße Bohnen
  (aus der Dose)
140 g abgetropfter Gemüsemais
  (aus der Dose)
2 kleine grüne Paprikaschoten
  (je etwa 150 g)
3 kleine Tomaten (etwa 200 g)
1 rote Zwiebel (etwa 65 g)
100 g Frischkäse mit Joghurt
  (13 % Fett)
100 ml Milch (3,5 % Fett)
2–3 EL Limetten- oder Zitronensaft
Salz
gemahlener Pfeffer

Außerdem:
einige Blätter Eisbergsalat zum
  Auslegen der Schüssel

Zubereitungszeit:
25 Minuten, ohne Durchziehzeit

1 Kidneybohnen, weiße Bohnen und Gemüsemais auf einem Sieb mit kaltem Wasser abspülen und gut abtropfen lassen.

2 Die Paprikaschoten halbieren, entstielen, entkernen und die weißen Scheidewände entfernen. Die Schotenhälften abspülen, abtropfen lassen und in feine Würfel schneiden.

3 Die Tomaten abspülen, abtrocknen, halbieren und die Stängelansätze herausschneiden. Tomaten in dünne Scheiben schneiden.

4 Die Zwiebel abziehen, halbieren und in feine Ringe schneiden.

5 Frischkäse mit Milch und 1 ½ Esslöffeln Limetten- oder Zitronensaft in einen hohen Rührbecher geben und mit einem Mixer (Rührstäbe) verrühren. Die Sauce mit Salz, Pfeffer und nach Belieben mit etwas Limetten- oder Zitronensaft würzen.

6 Die Sauce mit der Bohnen-Paprika-Mischung vermischen. Dann den Salat zugedeckt etwa 1 Stunde durchziehen lassen.

7 Die Salatblätter abspülen, gut abtropfen lassen oder trocken tupfen und eine Schüssel damit auslegen. Den Bohnensalat nochmals mit Limetten- oder Zitronensaft, Salz und Pfeffer abschmecken und in einer Schüssel anrichten.

Beilage: ½ Fladenbrot.

TIPP:

Limettensaft schmeckt nicht ganz so säuerlich wie Zitronensaft. Wer es feurig-scharf mag, nimmt zusätzlich für die Sauce 1 rote Chilischote. Dafür von der Chilischote die Stängelansätze abschneiden und die Kerne mit einem spitzen Messer herauskratzen. Schote abspülen, trocken tupfen und in Ringe schneiden. Statt einer Chilischote können Sie die Sauce zusätzlich mit etwas Cayennepfeffer abschmecken.

WEIßER BOHNENSALAT
MIT PAPRIKA UND TOMATE
GUT VORZUBEREITEN

4 Portionen

Pro Portion:
E: 14 g, F: 6 g, Kh: 30 g,
kJ: 994, kcal: 237, BE: 2,0

Für den Salat:
500 g abgetropfte Cannellinibohnen
(aus der Dose)
2 Fleischtomaten (je etwa 275 g)
je 1 rote und grüne Paprikaschote
(je etwa 200 g)
1 Schalotte

Für die Salatsauce:
1 Knoblauchzehe
2 EL Zitronensaft
1 EL Apfelessig
1 TL mittelscharfer Senf
1 TL Honig
Salz
gemahlener schwarzer Pfeffer
2 EL Olivenöl

5 Stängel Petersilie

Zubereitungszeit:
20 Minuten, ohne Durchziehzeit

1 Die Bohnen auf einem Sieb mit kaltem Wasser abspülen und gut abtropfen lassen. Bohnen beiseitestellen.

2 Die Tomaten kreuzweise einschneiden und mit kochendem Wasser übergießen. Nach 1–2 Minuten herausnehmen und mit kaltem Wasser abschrecken. Die Tomaten enthäuten, halbieren und die Stängelansätze herausschneiden. Tomaten entkernen und das Fruchtfleisch in kleine Würfel schneiden.

3 Paprikaschoten halbieren, entstielen, entkernen und die weißen Scheidewände entfernen. Schotenhälften abspülen, abtropfen lassen und in kleine Würfel schneiden. Die Schalotte abziehen, halbieren und fein würfeln.

4 Die beiseitegestellten Bohnen mit den Tomaten-, Paprika- und Schalottenwürfeln in einer großen Salatschüssel vermischen.

5 Knoblauch abziehen und durch eine Knoblauchpresse drücken oder fein hacken. Zitronensaft mit Essig, Senf, Honig, Salz, Pfeffer und Knoblauch verrühren. Das Olivenöl unterschlagen. Die Salatsauce mit der Bohnen-Paprika-Mischung vermengen. Den Salat etwa 30 Minuten durchziehen lassen.

6 Petersilie abspülen, trocken tupfen und die Blättchen von den Stängeln zupfen. Die Blättchen grob hacken. Den Salat mit Petersilie bestreut servieren.

TIPP:
Cannellinibohnen weichen nicht so schnell durch. Wenn Sie keine Cannellinibohnen bekommen können, nehmen Sie stattdessen 500 g abgetropfte weiße Bohnen (aus der Dose). Sie können den Salat einige Stunden vor dem Verzehr zubereiten. Gut durchgezogen schmeckt er noch besser. Geben Sie zusätzlich 2–3 Stangen Staudensellerie (etwa 150 g) mit unter den Salat. Dafür den Staudensellerie putzen und evtl. die harten Außenfäden abziehen. Sellerie abspülen und abtropfen lassen. Sellerie in Streifen schneiden.

ZARTWEIZENSALAT
MIT SCHAFSKÄSE
EINFACH ZU MACHEN

6 Portionen

Pro Portion:
E: 19 g, F: 31 g, Kh: 61 g,
kJ: 2506, kcal: 598, BE: 4,5

Für den Salat:
250 g Zartweizen

350 g Möhren
1 grüne Paprikaschote
1 gelbe Paprikaschote
1 Bund Frühlingszwiebeln
3 Tomaten
200 g Schafskäse
50 g getrocknete Soft-Tomaten
100 g abgetropfte, entsteinte
   schwarze Oliven

Für die Sauce:
einige Stängel Zitronenthymian oder
   Thymian
4 EL Weißweinessig
25 ml Mineralwasser
1 TL körniger Senf
1 TL geriebener Meerrettich
Salz
etwas Zucker
gemahlener Pfeffer
50 ml Olivenöl

Zubereitungszeit:
40 Minuten, ohne Abkühl- und
Durchziehzeit

1 Den Zartweizen nach Packungsanleitung zubereiten und erkalten lassen.

2 In der Zwischenzeit Möhren putzen, schälen, abspülen, abtropfen lassen und in feine Stifte schneiden.

3 Die Paprikaschoten halbieren, entstielen, entkernen und die weißen Scheidewände entfernen. Die Schoten abspülen, abtropfen lassen und in kleine Würfel schneiden.

4 Die Frühlingszwiebeln putzen, abspülen, abtropfen lassen und in dünne Scheiben schneiden. Die Tomaten abspülen, abtrocknen, halbieren und die Stängelansätze herausschneiden. Die Tomaten in Stücke schneiden.

5 Den Schafskäse in Würfel schneiden. Getrocknete Tomaten und Oliven in kleine Stücke schneiden. Die vorbereiteten Zutaten mit dem Zartweizen vermischen.

6 Für die Sauce Thymian abspülen, trocken tupfen und die Blättchen von den Stängeln zupfen. Einige Blättchen zum Garnieren beiseitelegen.

7 Essig mit Mineralwasser, Senf und Meerrettich verrühren, mit Salz, Zucker und Pfeffer würzen. Das Olivenöl unterschlagen. Die Sauce mit den Salatzutaten vorsichtig mischen. Den Salat zugedeckt im Kühlschrank etwa 1 Stunde durchziehen lassen.

8 Zum Servieren den Salat nochmals durchmischen, abschmecken und mit den beiseitegelegten Thymianblättchen garnieren.

TIPP:

Den Zartweizen können Sie schon am Vortag kochen.
Der Salat kann gut 3–4 Stunden vor dem Servieren zubereitet werden und etwas länger im Kühlschrank durchziehen.

KARTOFFEL- & NUDELSALATE

Die klassischen Salatgrundlagen harmonieren wunderbar mit winterlichen Gemüsen und Salaten.

Herzhaft mit Kürbis oder Pfifferlingen oder asiatisch angehaucht mit Glasnudeln, Ingwer und Sojasauce – hier findet jeder seinen Lieblingssalat.

Diese Salate lassen sich gut vorbereiten, denn richtig durchgezogen schmecken sie noch mal so gut.

KARTOFFELSALAT MIT KÄSE UND EI

GUT VORZUBEREITENDER KLASSIKER

4 Portionen

Pro Portion:
E: 15 g, F: 24 g, Kh: 43 g,
kJ: 1927, kcal: 460, BE: 3,0

Für den Salat:
1 kg festkochende Kartoffeln
1 gestr. TL Salz
½ TL Kümmelsamen

1 Bund Frühlingszwiebeln
170 ml Gemüsebrühe
1 Bund Radieschen
100 g schnittfester Käse mit Gewürzen (z. B. Gouda mit Pfeffer,
  Bockshornklee oder Senfkörnern
  oder Ziegenkäse)

Für die Sauce:
100 g Salatmayonnaise
100 g Joghurt (3,5 % Fett)
30 ml Weißweinessig
gemahlener Pfeffer

2 Eier (Größe M)
½ Bund Schnittlauch

Zubereitungszeit:
60 Minuten, ohne Abkühl- und
Durchziehzeit
Garzeit: 25–35 Minuten

1 Die Kartoffeln gründlich waschen, evtl. abbürsten. Die Kartoffeln knapp mit Wasser bedeckt, zugedeckt zum Kochen bringen. Salz und Kümmelsamen hinzugeben, wieder zum Kochen bringen und die Kartoffeln zugedeckt in 25–35 Minuten gar kochen.

2 Dann die Kartoffeln abgießen, abdämpfen und abkühlen lassen. Die Kartoffeln pellen und in Scheiben schneiden.

3 Frühlingszwiebeln putzen, abspülen, abtropfen lassen und in dünne Scheiben schneiden. Die Kartoffel- und Frühlingszwiebelscheiben in eine große Schüssel geben.

4 Die Gemüsebrühe aufkochen, über die Kartoffel- und Frühlings-zwiebelscheiben gießen und etwa 30 Minuten ziehen lassen.

5 Die Radieschen putzen, abspülen, abtropfen lassen und in dünne Scheiben schneiden. Den Käse zuerst in etwa ½ cm dicke Scheiben, dann in kurze Streifen schneiden. Radieschenscheiben und Käsestreifen unter die Kartoffel-Frühlingszwiebel-Mischung mischen.

6 Für die Sauce Mayonnaise mit Joghurt und Essig verrühren und mit Pfeffer würzen. Die Sauce mit den Salatzutaten vermischen und zugedeckt etwa 1 Stunde im Kühlschrank durchziehen lassen.

7 In der Zwischenzeit die Eier in kochendem Wasser in etwa 8 Minuten hart kochen. Dann die Eier mit kaltem Wasser abschrecken, etwas abkühlen lassen und pellen. Die Eier in Spalten oder Stücke schneiden.

8 Schnittlauch abspülen, abtropfen lassen und in Röllchen schneiden. Den Salat zum Servieren nochmals durchmischen, mit Salz und Pfeffer abschmecken, mit den Eierspalten oder -stücken belegen und den Schnittlauchröllchen bestreuen.

TIPP:

Der Salat kann bis einschließlich Punkt 6 gut 1 Tag vorher zubereitet werden und zugedeckt im Kühlschrank durch-ziehen.

ITALIENISCHER SALAT MIT SALAMI

EINFACH ZU MACHEN

4 Portionen

Pro Portion:
E: 17 g, F: 27 g, Kh: 37 g,
kJ: 1964, kcal: 469, BE: 2,5

Für den Salat:
750 g festkochende kleine
  Kartoffeln
1 TL Salz

Für das Salatdressing:
125 ml heiße Gemüsebrühe
4–6 EL Zitronensaft
25 g TK-Italienische Kräuter
etwa 6 EL Olivenöl
Salz
gemahlener Pfeffer

350 g abgetropfte grüne Bohnen
  (aus dem Glas)
250 g abgetropfte weiße Bohnen
  (aus dem Glas)

2 rote Zwiebeln
2 Fleischtomaten
150 g Salami in Scheiben
Zitronensaft

Zubereitungszeit:
50 Minuten, ohne Abkühl- und
Durchziehzeit
Garzeit: 25–35 Minuten

1 Die Kartoffeln gründlich waschen, evtl. abbürsten und knapp mit Wasser bedeckt, zugedeckt zum Kochen bringen. Salz hinzugeben. Die Kartoffeln zugedeckt in 25–35 Minuten gar kochen und abgießen. Die Kartoffeln abdämpfen und dann abkühlen lassen.

2 Die Kartoffeln pellen, vierteln, in Stücke schneiden und in eine große Salatschüssel geben.

3 Für das Salatdressing Brühe mit Zitronensaft und Kräutern verrühren. Das Olivenöl unterschlagen. Das Dressing mit Salz und Pfeffer würzen, zu den Kartoffelstücken geben und gut untermischen. Die Bohnen unterheben. Den Salat etwa 10 Minuten durchziehen lassen.

4 In der Zwischenzeit Zwiebeln abziehen, halbieren und in Scheiben schneiden. Tomaten abspülen, trocken tupfen, vierteln und die Stängelansätze herausschneiden. Tomaten in Stücke schneiden.

5 Salami in kleine Stücke schneiden. Zwiebelringe, Tomaten- und Salamistücke unter den Kartoffelsalat heben. Salat mit Salz, Pfeffer und Zitronensaft abschmecken und servieren.

TIPP:
Die Kartoffeln bereits am Vortag kochen und erkalten lassen. Den Salat dann bis einschließlich Punkt 3 zubereiten und zugedeckt über Nacht in den Kühlschrank stellen. Fertig gekauften Kartoffelsalat können Sie ebenfalls im Handumdrehen in diesen leckeren, italienisch angehauchten Salat verwandeln. Dafür etwa 850 g Kartoffelsalat mit Essig-Öl-Dressing (aus dem Kühlregal) mit den abgetropften Bohnen und den TK-Kräutern oder 2 Esslöffeln Pesto (aus einem Glas) mischen. Dann Zwiebelringe, Tomaten- und Salamistücke unterheben. Salat nochmals abschmecken. Etwas Zitronensaft gibt dem Salat eine fein fruchtige und frische Note.

KÜRBIS-KARTOFFEL-SALAT NACH STEIRISCHER ART

MAL ANDERS

4 Portionen

Pro Portion:
E: 14 g, F: 22 g, Kh: 32 g,
kJ: 1604, kcal: 383, BE: 2,5

Für den Salat:
750 g festkochende Kartoffeln
1 TL Salz

1 Gemüsezwiebel
200 g abgetropfter, eingelegter
  Kürbis (aus dem Glas)

Für die Salatsauce:
120 ml Gemüsebrühe
3 EL Kürbisflüssigkeit
  (aus dem Glas)
3 EL Kräuteressig
1 Prise Currypulver
Salz
gemahlener Pfeffer
Zucker
2–3 EL Rapsöl

2 Eier (Größe M)
70 g geröstete Kürbiskerne
2 EL Kürbiskernöl

Zubereitungszeit:
45 Minuten, ohne Abkühl- und
Durchziehzeit
Garzeit: 25–35 Minuten

1 Die Kartoffeln gründlich waschen, evtl. abbürsten und knapp mit Wasser bedeckt, zugedeckt zum Kochen bringen. Salz hinzugeben. Die Kartoffeln zugedeckt in 25–35 Minuten gar kochen und abgießen. Die Kartoffeln abdämpfen und dann abkühlen lassen.

2 Die Kartoffeln pellen und in Scheiben schneiden. Die Gemüsezwiebel abziehen, halbieren und in feine Streifen schneiden oder hobeln.

3 Von den Kürbisstücken die Flüssigkeit auffangen und 3 Esslöffel für die Salatsauce abmessen. Die Kürbisstücke evtl. etwas kleiner schneiden, mit den Kartoffelscheiben und Zwiebelstreifen in eine große Schüssel geben.

4 Für die Sauce Brühe mit abgemessener Kürbisflüssigkeit und Essig verrühren, mit Curry, Salz, Pfeffer und Zucker würzen. Das Rapsöl unterschlagen. Die Salatsauce unter die Salatzutaten mischen. Den Salat zugedeckt im Kühlschrank etwa 1 Stunde durchziehen lassen.

5 Inzwischen die Eier in kochendem Wasser in etwa 8 Minuten hart kochen, abschrecken und erkalten lassen. Die Eier pellen und in Scheiben oder Stücke schneiden.

6 Den Kartoffelsalat nochmals durchmischen, mit Salz, Pfeffer und etwas Kürbisflüssigkeit abschmecken. Die Eierscheiben oder Eierstücke vorsichtig unterheben. Den Salat mit Kürbiskernen bestreut und Kürbiskernöl beträufelt servieren.

Beilage: Wer mag, serviert zusätzlich gebratenen Leberkäse dazu.

TIPP:

Statt Kürbis können Sie die gleiche Menge Gewürzgurken und Gurkenflüssigkeit (aus dem Glas) nehmen.
Die Kartoffeln und die Eier bereits am Vortag kochen.
Der Salat kann gut einige Stunden vor dem Verzehr bis einschließlich Punkt 4 zubereitet und zugedeckt in den Kühlschrank gestellt werden.

KARTOFFEL-SCHINKEN-SALAT

SCHNELL GEMACHT

4 Portionen

Pro Portion:
E: 15 g, F: 22 g, Kh: 30 g,
kJ: 1614, kcal: 386, BE: 2,0

Für die Sauce:
200 ml heiße Gemüsebrühe
4 EL Kräuteressig
6 EL Speiseöl, z. B. Rapsöl
Salz, gemahlener Pfeffer
1 Prise Zucker

Für den Salat:
750 g gegarte Pellkartoffeln
1 Pck. TK-Schnittlauchröllchen
 (25 g)
2 gelbe Paprikaschoten
175 g gekochter Schinken, in
 Scheiben
4 EL schwarze Oliven, ohne Stein

Zubereitungszeit:
25 Minuten

1 Für die Sauce Brühe mit Essig in einer großen Salatschüssel verrühren. Speiseöl unterschlagen. Die Sauce mit Salz, Pfeffer und Zucker würzen.

2 Pellkartoffeln pellen, in Würfel schneiden und mit den Schnittlauchröllchen unter die Sauce mischen. Den Salat etwa 5 Minuten durchziehen lassen, dabei gelegentlich umrühren.

3 In der Zwischenzeit Paprikaschoten halbieren, entstielen, entkernen und die weißen Scheidewände entfernen. Schotenhälften abspülen, abtropfen lassen und in Würfel schneiden. Schinken in kleine Stücke schneiden. Oliven abtropfen lassen und in Ringe schneiden.

4 Paprikawürfel, Schinkenstücke und Olivenringe unter den Kartoffelsalat heben. Salat nochmals mit Salz, Pfeffer und Essig abschmecken.

Variante: Statt der Schinkenwürfel 1 Dose Thunfisch in Öl (Abtropfgewicht 150 g) abtropfen lassen, auseinanderzupfen und mit je 1 kleinen Dose abgetropftem Gemüsemais und Kenia-Böhnchen (Abtropfgewicht 140 g) unter den Salat heben.

TITELREZEPT:

Kartoffel-Chicorée-Salat mit Cabanossi (4 Portionen)
Für den Salat **600 g festkochende Kartoffeln** gründlich waschen, mit Wasser bedeckt, zugedeckt zum Kochen bringen. **1 Teelöffel Salz** zugeben und die Kartoffeln zugedeckt in 25–35 Minuten gar kochen. Kartoffeln abgießen, mit kaltem Wasser abschrecken, abtropfen lassen und sofort pellen.
1 Kolben Chicorée und **1 kleinen Radicchio** putzen, abspülen, abtropfen lassen und längs halbieren. Die Strünke keilförmig herausschneiden. Chicorée und Radicchio klein schneiden oder in mundgerechte Stücke zupfen. **1 roten Apfel** abspülen, abtrocknen, vierteln, entkernen und mit der Schale in dünne Spalten schneiden. **1 Bund Radieschen** putzen, waschen, trocken tupfen und in Scheiben schneiden. Von **100 g Feldsalat** die Wurzelenden abschneiden und schlechte Blätter entfernen. Feldsalat gründlich waschen und trocken schleudern. **125 g Cabanossi** evtl. enthäuten und in Würfel schneiden. Kartoffeln in Scheiben schneiden. Die vorbereiteten Salatzutaten in eine große Schüssel geben.
Für die Sauce **3 Esslöffel Rotweinessig** mit **1–2 Teelöffeln Senf, sowie Salz, Pfeffer** und **Zucker** verrühren. **Jeweils 3 Esslöffel Oliven- und Sonnenblumenöl** unterschlagen. **½ Kästchen Kresse** abspülen, trocken tupfen, mit einer Schere abschneiden und unter die Sauce rühren. Die Sauce zu den Salatzutaten geben und untermengen. Den Salat etwa 30 Minuten durchziehen lassen.
Pro Portion: E: 11 g, F: 27 g, Kh: 29 g, kJ: 1749, kcal: 418, BE: 2,0

GRÜNER KARTOFFELSALAT
MIT SCHAFSKÄSESAUCE

ZUM SATTESSEN

4 Portionen

Pro Portion:
E: 16 g, F: 6 g, Kh: 45 g,
kJ: 1292, kcal: 310, BE: 3,0

Für den Salat:
200 g TK-Brechbohnen
Salz

Für die Schafskäsesauce:
180 g Schafskäse (9 % Fett)
200–225 ml Milch (3,5 % Fett)
1–1 ½ TL mittelscharfer Senf
2–3 EL Zitronensaft
gemahlener Pfeffer

750 g gegarte, mittelgroße
  Pellkartoffeln, z. B. vom Vortag
1 kleine Zucchini (etwa 200 g)
1 großes Bund Frühlingszwiebeln
  (etwa 300 g)
je 1 Bund Petersilie und Schnittlauch

Zubereitungszeit:
30 Minuten, ohne Durchziehzeit

1 Die Bohnen nach Packungsanleitung in Salzwasser garen, auf ein Sieb geben, kurz mit kaltem Wasser abschrecken und gut abtropfen lassen. Die Bohnen zum Abkühlen beiseitestellen.

2 Für die Sauce in der Zwischenzeit Schafskäse mit 200 ml Milch in einen hohen Rührbecher geben und mit einem Pürierstab cremig pürieren. Senf, Zitronensaft und evtl. die restliche Milch unterrühren. Das Schafskäse-Dressing mit Pfeffer und evtl. etwas Salz abschmecken.

3 Die Pellkartoffeln pellen, in Scheiben schneiden und unter die Sauce rühren. Den Salat etwa 5 Minuten durchziehen lassen, dabei gelegentlich umrühren.

4 In der Zwischenzeit Zucchini abspülen, abtrocknen und die Enden abschneiden. Zucchini in kleine Würfel schneiden. Frühlingszwiebeln putzen, abspülen, abtropfen lassen und in feine Scheiben schneiden.

5 Abgekühlte Bohnen, Zucchiniwürfel und Frühlingszwiebelscheiben unter den Salat rühren. Den Salat zugedeckt etwa 30 Minuten durchziehen lassen.

6 Petersilie und Schnittlauch abspülen und trocken tupfen. Petersilienblättchen von den Stängeln zupfen und fein hacken. Schnittlauch in kleine Röllchen schneiden. Die Kräuter unter den Salat rühren. Den Salat erneut mit den Gewürzen abschmecken und servieren.

TIPP:

Wenn Sie die Bohnen etwas bissfester mögen, gießen Sie sie 1–2 Minuten vor der auf der Packung angegebenen Garzeit ab. Petersilie und Schnittlauch können Sie durch Basilikum ersetzen. Sonnenblumenkerne passen und schmecken toll zu diesem Salat. Dafür 4 Esslöffel (etwa 40 g) Sonnenblumenkerne in einer Pfanne ohne Fett unter Wenden goldbraun rösten, auf einen Teller geben und abkühlen lassen. Vor dem Servieren die Kerne über dem Salat verteilen.

NUDELSALAT MIT CURRY-DRESSING
DAS MÖGEN AUCH KINDER

4 Portionen

Pro Portion:
E: 18 g, F: 19 g, Kh: 71 g,
kJ: 2229, kcal: 533, BE: 6,0

Für den Salat:
3 l Wasser
3 gestr. TL Salz
300 g kleine Muschelnudeln

je1 rote und grüne Paprikaschote

Für das Dressing:
200 g Schmand (Sauerrahm)
1 EL Sesamöl
Salz
gemahlener Pfeffer
2 TL mildes Currypulver
3–4 EL Kochflüssigkeit
  (von den Nudeln)

285 g abgetropfter Gemüsemais
  (aus der Dose)
2 hart gekochte Eier

Zubereitungszeit:
50 Minuten, ohne Durchziehzeit

1 Wasser in einem großen Topf zugedeckt zum Kochen bringen. Salz und Nudeln zugeben. Die Nudeln im geöffneten Topf bei mittlerer Hitze nach Packungsanleitung bissfest kochen, dabei gelegentlich umrühren.

2 Die garen Nudeln auf ein Sieb geben, mit kaltem Wasser abspülen und abtropfen lassen. Dabei die Kochflüssigkeit auffangen und 3–4 Esslöffel abmessen.

3 In der Zwischenzeit die Paprikaschoten halbieren, entstielen, entkernen und die weißen Scheidewände entfernen. Schotenhälften abspülen, abtropfen lassen und in kleine Stücke schneiden.

4 Für das Dressing Schmand mit Sesamöl in einer großen Salatschüssel verrühren. Dressing mit Salz, Pfeffer und Curry würzen.

5 Die abgemessene Kochflüssigkeit unter die Schmandmasse rühren. Nudeln untermischen. Den Salat etwa 5 Minuten durchziehen lassen. Mais und Paprikastücke unterheben. Den Salat nochmals mit Salz, Pfeffer und Curry abschmecken.

6 Eier pellen und sechsteln. Den Salat mit Eiersechsteln garnieren und mit Curry bestäubt servieren.

TIPP:
Zusätzlich 100 g gewürfelten, gekochten Schinken oder gegarte, geschälte Garnelen unter den Salat mischen. Das Dressing wird etwas pikanter, wenn Sie den Saft von ½–1 Limette unterrühren und das Dressing mit etwas Honig abschmecken.
Der Salat kann bereits etwa 4–5 Stunden vor dem Servieren zubereitet werden und zugedeckt im Kühlschrank durchziehen.

NUDELSALAT MIT KÜRBIS-OLIVEN-SAUCE

FÜR GÄSTE

6–8 Portionen

Pro Portion:
E: 11 g, F: 14 g, Kh: 43 g,
kJ: 1437, kcal: 340, BE: 3,5

Für den Salat:
1 Hokkaido-Kürbis (etwa 900 g)
250 g Porree (Lauch)
1–2 Knoblauchzehen
30 g Kürbiskerne
80 g abgetropfte schwarze Oliven
  (ohne Stein, aus dem Glas)

4 l Wasser
4 gestr. TL Salz
400 g Vollkornnudeln,
  z. B. Dinkel-Penne

2 EL Rapsöl
250 ml Gemüsebrühe
Salz
gemahlener Pfeffer
Cayennepfeffer
gem. Koriander
1–2 TL Zitronensaft
2–3 EL Kürbiskernöl

Zubereitungszeit:
50 Minuten

1 Kürbis abspülen, abtropfen lassen, halbieren und in Spalten schneiden. Kürbisspalten entkernen und mit der Schale quer in dünne Scheiben schneiden.

2 Porree putzen, die Stangen längs halbieren, gründlich waschen, abtropfen lassen und quer in etwa ½ cm breite Streifen schneiden. Knoblauch abziehen und in dünne Scheiben schneiden.

3 Kürbiskerne in einer Pfanne ohne Fett unter Wenden rösten, herausnehmen und auf einen Teller geben. Oliven quer dritteln, sodass Ringe entstehen.

4 Das Wasser in einem großen Topf zugedeckt zum Kochen bringen. Dann Salz und Nudeln hinzugeben. Die Nudeln im geöffneten Topf bei mittlerer Hitze nach Packungsanleitung bissfest kochen, dabei gelegentlich umrühren. Dann die Nudeln auf ein Sieb geben, mit heißem Wasser abspülen und abtropfen lassen.

5 In der Zwischenzeit Rapsöl in einem Topf erhitzen. Porreestreifen und Knoblauchscheiben darin andünsten. Brühe und Kürbisscheiben hinzugeben, zum Kochen bringen und zugedeckt etwa 8 Minuten bei mittlerer Hitze dünsten.

6 Die Olivenringe unter die Kürbissauce rühren und aufkochen. Die Sauce mit Salz, Pfeffer, Cayennepfeffer, Koriander und Zitronensaft abschmecken. Die Nudeln mit der Sauce anrichten, mit Kürbiskernen bestreuen und mit Kürbiskernöl beträufeln.

TIPP:

Anstelle von Kürbiskernöl kann auch Nussöl verwendet werden. Wer mag, streut außerdem einige fein geschnittene Basilikumblättchen auf die Nudeln.

WARMER NUDELSALAT

GUT VORZUBEREITEN

4 Portionen

Pro Portion:
E: 29 g, F: 14 g, Kh: 51 g,
kJ: 1924, kcal: 459, BE: 4,0

Für den Salat:
400 ml Gemüsebrühe
300 g TK-Brokkoliröschen
300 g Kochschinken
4 Frühlingszwiebeln
215 g abgetropfte Maiskölbchen
  (aus dem Glas)
2 ½ l Wasser
2 ½ gestr. TL Salz
250 g Nudeln, z. B. Hütchen- oder
  Trulli-Nudeln

Für die Salatsauce:
150 ml Gemüsebrühe (von den
  Brokkoliröschen)
2 EL Essig, z. B. Estragon-Essig
4 EL Olivenöl
1 Prise Zucker
Salz
gemahlener Pfeffer

2 EL Schnittlauchröllchen

Zubereitungszeit:
45 Minuten, ohne Durchziehzeit

1 Für den Salat die Brühe in einem Topf zum Kochen bringen. Gefrorene Brokkoliröschen hinzugeben, wieder zum Kochen bringen und in etwa 6 Minuten gar kochen. Brokkoliröschen auf ein Sieb geben, dabei die Brühe auffangen und 150 ml abmessen. Brokkoliröschen abtropfen lassen.

2 Schinken in Würfel schneiden. Frühlingszwiebeln putzen, abspülen, abtropfen lassen und in Scheiben schneiden. Maiskölbchen evtl. halbieren.

3 Wasser in einem großen Topf zugedeckt zum Kochen bringen. Dann Salz und Nudeln hinzugeben. Die Nudeln im geöffneten Topf bei mittlerer Hitze nach Packungsanleitung bissfest kochen, dabei gelegentlich umrühren.

4 Anschließend die Nudeln auf ein Sieb geben, mit heißem Wasser abspülen und abtropfen lassen.

5 Für die Sauce die aufgefangene Brühe in einem Topf aufkochen lassen. Essig und Olivenöl unterschlagen. Mit Zucker, Salz und Pfeffer kräftig würzen.

6 Die Nudeln mit Brokkoliröschen, Schinkenwürfeln, Frühlingszwiebelscheiben und Maiskölbchen mischen und mit der heißen Salatsauce übergießen. Den Salat etwas durchziehen lassen.

7 Den warmen Nudelsalat mit Schnittlauchröllchen bestreut servieren.

TIPP:

Lauwarm schmeckt dieser Salat besonders gut, aber auch abgekühlt und gut durchgezogen ist er ein Genuss. Da sich der Salat gut vorbereiten und transportieren lässt, können Sie ihn zum Picknick, zum Grillen oder für ein Schulfest einplanen. Wer es würziger mag, nimmt statt Schinken Salami und würzt das Dressing zusätzlich mit etwas grob geschrotetem Chili.

NUDELSALAT MIT KASSELER

GUT VORZUBEREITEN

4 Portionen

Pro Portion:
E: 29 g, F: 29 g, Kh: 62 g,
kJ: 2616, kcal: 626, BE: 5,0

Für den Salat:
3 l Wasser
3 gestr. TL Salz
300 g Makkaroni-Chips
  oder Maccheroni

200 g Kasseler-Braten-Aufschnitt
120 g Greyerzer Käse, in Scheiben
2 Äpfel, z. B. Braeburn
1 EL Zitronensaft

Für die Salatsauce:
150 g Crème légère
2 EL Salatmayonnaise
1 EL mittelscharfer Senf
1 EL Zitronensaft
Salz
gemahlener Pfeffer
1 Prise Zucker
1–2 EL gehackte, glatte Petersilie

1 kleiner Radicchio

Zubereitungszeit:
30 Minuten

1 Wasser in einem großen Topf zugedeckt zum Kochen bringen. Dann Salz und Nudeln hinzugeben. Die Nudeln im geöffneten Topf bei mittlerer Hitze nach Packungsanleitung bissfest kochen, dabei gelegentlich umrühren.

2 In der Zwischenzeit Kasseler und Käse in Streifen oder kleine Stücke schneiden. Äpfel schälen, vierteln, entkernen und in kleine Würfel schneiden. Apfelwürfel mit Zitronensaft beträufeln.

3 Die garen Nudeln auf ein Sieb geben, mit kaltem Wasser abspülen und abtropfen lassen.

4 Für die Sauce Crème légère mit Mayonnaise, Senf und Zitronensaft in einer großen Salatschüssel verrühren. Sauce mit Salz, Pfeffer und Zucker würzen. Die Petersilie unterrühren.

5 Nudeln und Apfelwürfel hinzugeben und untermengen. Den Salat etwa 5 Minuten durchziehen lassen.

6 In der Zwischenzeit Radicchio vierteln und den Strunk herausschneiden. Radicchio in einzelne Blätter zupfen. Radicchioblätter abspülen, gut abtropfen lassen und in mundgerechte Stücke zupfen.

7 Radicchio, Kasseler- und Käsestreifen oder -stücke unter den Salat heben. Salat mit Salz und Pfeffer abschmecken.

TIPP:
Wenn Sie keine Makkaroni-Chips oder Maccheroni bekommen, können Sie auch lange Makkaroni nehmen und diese vor dem Kochen in kleine Stücke brechen.
Mit den hier angegebenen Zutaten wie Kasseler, Käse und Salat können Sie blitzschnell einen fertig gekauften Nudelsalat verlängern und raffiniert verfeinern.

FARFALLE-GEFLÜGEL-SALAT

IM ASIA-STYLE

6 Portionen

Pro Portion:
E: 46 g, F: 17 g, Kh: 36 g,
kJ: 2022, kcal: 483, BE: 3,0

Für den Salat:
1 kg Hähnchenbrustfilets
2–3 EL Zitronensaft
1 kleines Stück Zitronengras
1 TL Chilipfeffer

Für das Dressing:
25 g Ingwer
½ Bund glatte Petersilie
2 EL Rotweinessig
1 EL Reisessig
  (ersatzweise Weißweinessig)
1 EL Honig
1 EL Sojasauce
½ TL Chilipfeffer
1 TL Wasser
75 ml Erdnussöl

2 ½ l Wasser
2 ½ gestr. TL Salz
250 g Mini-Farfalle-Nudeln

1 Orange
½ rote Paprikaschote
½ Kopf Eisbergsalat
1 kleiner Radicchio

1 ½ EL Erdnussöl

Zubereitungszeit:
60 Minuten, ohne Marinierzeit

1 Hähnchenbrustfilets mit Küchenpapier abtupfen, längs halbieren, in eine flache Form legen und mit Zitronensaft beträufeln. Zitronengras putzen, in dünne Scheiben schneiden und daraufstreuen. Filets mit Chilipfeffer würzen. Die Form mit Frischhaltefolie zudecken und die Hähnchenfilets einige Stunden im Kühlschrank marinieren.

2 Für das Dressing Ingwer schälen und würfeln. Petersilie abspülen, abtropfen lassen und die Blättchen von den Stängeln zupfen. Einige Blättchen zum Garnieren beiseitelegen.

3 Ingwer mit Petersilie, beiden Essigsorten, Honig, Sojasauce, Chilipfeffer und Wasser in einem Mixer vermischen oder einem hohen Rührbecher pürieren. Öl zuletzt in dünnem Strahl langsam hinzugießen, dabei weiter mixen oder pürieren, bis das Dressing eine cremige Konsistenz hat.

4 Wasser in einem großen Topf zugedeckt zum Kochen bringen. Dann Salz und Nudeln zugeben. Die Nudeln im geöffneten Topf bei mittlerer Hitze nach Packungsanleitung bissfest kochen, dabei gelegentlich umrühren. Anschließend die Nudeln auf ein Sieb geben, abspülen und abtropfen lassen. Die Nudeln noch warm mit der Hälfte des Dressings in einer großen Schüssel vermischen.

5 Orange schälen und filetieren, dabei den Saft auffangen. Paprikaschote entstielen, entkernen und die weißen Scheidewände entfernen. Schote abspülen, abtropfen lassen und in feine Streifen schneiden. Eisbergsalat und Radicchio putzen, abspülen, abtropfen lassen und in mundgerechte Stücke schneiden.

6 Die Hälfte des Öls in einer großen Pfanne erhitzen. Die Hähnchenfilets etwas abtropfen lassen und das Zitronengras entfernen. Die Hälfte der Hähnchenbrustfilets in der Pfanne rundherum anbraten und dann in 5–10 Minuten gar braten. Die Filets aus der Pfanne nehmen. Das restliche Öl in der Pfanne erhitzen und die restlichen Filets darin auf die gleiche Weise braten.

7 Eisberg und Radicchio auf einer großen Platte verteilen. Die Nudeln daraufgeben. Die Hähnchenfilets in etwa ½ cm dicke Scheiben schneiden, mit den Orangenfilets, den Paprikastreifen und beiseitegelegten Petersilienblättchen auf dem Salat anrichten. Den Salat mit dem restlichen Dressing beträufeln und sofort servieren.

TIPP:

Die Hähnchenbrustfilets können Sie bereits am Vorabend einlegen und über Nacht im Kühlschrank marinieren.

SPÄTZLE-PFIFFERLINGS-SALAT

ETWAS BESONDERES

4 Portionen

Pro Portion:
E: 18 g, F: 9 g, Kh: 39 g,
kJ: 1308, kcal: 313, BE: 3,0

Für den Salat:
2 l Gemüsebrühe
1 gestr. TL Salz
200 g Spätzle

Für die Vinaigrette:
225 g Pfifferlinge (aus der Dose)
1 Stange Porree (Lauch)
2 EL Speiseöl (z. B. Rapsöl)
175 ml Gemüsebrühe
3 EL Balsamico-Essig (30 g)
1 TL körniger Senf
gemahlener Pfeffer

200 g geräucherter
  Putenbrustaufschnitt
200 g Cocktailtomaten
1 Bund Petersilie

Zubereitungszeit:
25 Minuten

1 Brühe in einem großen Topf zugedeckt zum Kochen bringen. Salz und Spätzle hinzugeben. Spätzle im geöffneten Topf bei mittlerer Hitze nach Packungsanleitung garen, dabei gelegentlich umrühren.

2 Für die Vinaigrette die Pfifferlinge auf einem Sieb abtropfen lassen. Porree putzen. Die Stange längs halbieren, gründlich waschen, abtropfen lassen und in sehr feine Streifen schneiden.

3 Die garen Spätzle auf ein Sieb geben, mit kaltem Wasser abspülen und abtropfen lassen.

4 Speiseöl in einer Pfanne erhitzen. Porreestreifen und Pfifferlinge darin andünsten. Brühe hinzugießen. Essig und Senf unterrühren, mit Salz und Pfeffer würzen. Spätzle in einer großen Salatschüssel mit der Vinaigrette vermischen.

5 Putenbrustaufschnitt in Streifen schneiden. Tomaten abspülen, abtrocknen und halbieren. Stängelansätze herausschneiden. Petersilie abspülen und trocken tupfen. Die Blättchen von den Stängeln zupfen.

6 Putenbruststreifen, Tomatenhälften und Petersilienblättchen unter die Spätzle heben. Salat nochmals mit Salz, Pfeffer und evtl. etwas Essig abschmecken.

TIPP:
Sie können den Salat auch mit 250 g frischen Pfifferlingen zubereiten.

NUDELSALAT MIT DILLGURKEN

GUT VORZUBEREITEN

4 Portionen

Pro Portion:
E: 27 g, F: 14 g, Kh: 38 g,
kJ: 1634, kcal: 391, BE: 3,0

Für das Dressing:
200 g Nudeln, z. B. Makkaroni
2 l Wasser
2 gestr. TL Salz
½ gebratenes Hähnchen
  (400–500 g)
etwa 250 g Staudensellerie
etwa 200 g Dillgurken
  (aus dem Glas)

Für die Salatsauce:
2 EL Crème fraîche
2 EL Joghurt (3,5 % Fett)
1 EL Weißweinessig
1–2 EL Dillgurkenflüssigkeit
  (aus dem Glas)
Salz
gemahlener Pfeffer
Zucker

1–2 Stängel Dill

Zubereitungszeit:
45 Minuten, ohne Durchziehzeit

1 Makkaroni in etwa 2 cm lange Stücke brechen. Wasser in einem großen Topf zugedeckt zum Kochen bringen. Dann Salz und Nudeln zugeben. Die Nudeln im geöffneten Topf bei mittlerer Hitze nach Packungsanleitung bissfest kochen, dabei gelegentlich umrühren. Anschließend die Nudeln auf ein Sieb geben, mit heißem Wasser abspülen und abtropfen lassen.

2 Hähnchenfleisch von den Knochen lösen. Die Haut entfernen. Das Fleisch in Stücke schneiden. Sellerie putzen und die harten Außenfäden abziehen. Sellerie abspülen, abtropfen lassen und in dünne Scheiben schneiden.

3 Dillgurken auf einem Sieb abtropfen lassen, dabei die Gurkenflüssigkeit auffangen, abmessen und 2 Esslöffel davon beiseitestellen. Gurken ebenfalls in dünne Scheiben schneiden.

4 Für die Sauce Crème fraîche mit Joghurt, Essig und Gurkenflüssigkeit verrühren. Sauce mit Salz, Pfeffer und Zucker abschmecken.

5 Die vorbereiteten Salatzutaten mit der Sauce in einer Schüssel mischen. Den Salat gut durchziehen lassen.

6 Dill abspülen, trocken tupfen und die Spitzen von den Stängeln zupfen. Dillspitzen fein schneiden. Vor dem Servieren den Salat mit Salz, Pfeffer und Zucker abschmecken. Dill unterheben.

TIPP:
Statt des gebratenen Hähnchens können Sie auch Hähnchenbrust-Aufschnitt oder Fleischwurst verwenden.

GLASNUDEL-ROHKOST-SALAT

PIKANT-FRUCHTIG

4 Portionen

Pro Portion:
E: 6 g, F: 19 g, Kh: 66 g,
kJ: 1947, kcal: 463, BE: 5,0

Für den Salat:
4 EL Sesamsamen (geschält)
20 g Ingwerwurzel
200 ml Grapefruitsaft
3–4 EL dunkles Sesamöl
Salz
1 Mango (etwa 300 g)
2 rote Paprikaschoten (etwa 200 g)
4 Möhren (etwa 400 g)
200 g Glasnudeln
einige Stängel Koriander oder Minze

Zubereitungszeit:
20 Minuten

1 Sesam in einer Pfanne ohne Fett unter Wenden goldbraun rösten, herausnehmen und auf einen Teller geben. Ingwer schälen und fein würfeln.

2 Grapefruitsaft mit Ingwerwürfeln in einer Schüssel verrühren. Sesamöl unterschlagen, mit Salz würzen.

3 Mango halbieren und den Stein herausnehmen. Mangohälften schälen und in feine Streifen schneiden. Paprikaschoten halbieren, entstielen, entkernen und die weißen Scheidewände entfernen. Schotenhälften abspülen, abtropfen lassen und in feine Streifen schneiden.

4 Möhren putzen, schälen, abspülen, abtropfen lassen und in feine Streifen hobeln oder raspeln. Mango-, Paprika- und Möhrenstreifen oder -raspel zu der Vinaigrette in die Schüssel geben und untermischen.

5 Die Glasnudeln nach Packungsanleitung zubereiten, dann auf ein Sieb geben, mit kaltem Wasser abspülen, abtropfen lassen und mit einer Küchenschere in mundgerechte Stücke schneiden.

6 Die Glasnudeln unter den Salat mischen. Koriander oder Minze abspülen und trocken tupfen. Die Blättchen von den Stängeln zupfen. Blättchen in Streifen schneiden. Die Glasnudel-Rohkost mit dem gerösteten Sesam und den Kräuterstreifen bestreuen und servieren.

Beilage: Gebratene Hähnchenbrust oder Fischfilet.

TIPP:
Der Salat kann bis einschließlich Punkt 5 zubereitet werden und 2–3 Stunden zugedeckt im Kühlschrank stehen.

ASIA-GLASNUDEL-SALAT

ETWAS BESONDERES

4 Portionen

Pro Portion:
E: 33 g, F: 6 g, Kh: 39 g,
kJ: 1467, kcal: 349, BE: 2,5

Für den Salat:
500 g Hähnchenbrustfilet
2 EL Sojasauce (etwa 20 g)
150 g Glasnudeln
1 rote Chilischote (20 g)
2 Knoblauchzehen
5 Möhren (etwa 500 g)
2 Stangen Porree
  (Lauch, etwa 400 g)
2 EL Speiseöl
  (z. B. Sesamöl, 20 g)
Salz
gemahlener Pfeffer
½ TL gemahlener Ingwer
3–4 EL Limettensaft

Zubereitungszeit:
30 Minuten

1 Hähnchenbrustfilet mit Küchenpapier abtupfen, in etwa 2 cm große Würfel schneiden und mit der Sojasauce verrühren.

2 Die Glasnudeln nach Packungsanleitung zubereiten und erkalten lassen. Dann mit einer Küchenschere in etwa 3 cm lange Stücke schneiden.

3 Inzwischen Chilischote halbieren, entstielen, entkernen, abspülen, abtropfen lassen und in feine Streifen schneiden. Knoblauch abziehen und fein hacken.

4 Möhren und Porree putzen. Die Möhren schälen, abspülen, abtropfen lassen und in dünne Scheiben schneiden. Porreestangen seitlich längs einschneiden, gründlich abspülen und abtropfen lassen. Porree in Streifen schneiden.

5 Öl in einer Pfanne erhitzen. Die Hähnchenwürfel darin unter gelegentlichem Rühren 5–7 Minuten braten, mit Salz und Pfeffer bestreuen und aus der Pfanne nehmen.

6 Chilischote, Knoblauch, Möhren und Porree im verbliebenen Bratfett anbraten und etwa 4 Minuten unter gelegentlichem Wenden bissfest dünsten.

7 Salatzutaten miteinander vermischen, mit Salz, Pfeffer, Ingwer und Limettensaft abschmecken. Salat sofort warm servieren oder noch etwas durchziehen lassen, dann kalt servieren.

TIPP:

Glasnudeln sind dünne, nach dem Garen glasig aussehende Nudeln, die im asiatischen Raum als Beilage oder Suppeneinlage beliebt sind.

SALATE MIT FLEISCH, WURST & FISCH

Diese Salate sind so richtig zum Sattessen. Rosenkohl, Rote Bete oder Wirsing bilden die Basis, dazu gibt es kurz gebratenes Fleisch, klein geschnittene Wurst oder Fisch.

Blutwurst und Äpfel zusammen gebraten sind schon interessant, aber mit Linsensalat serviert wird es richtig lecker.

Herzhafte Dressings und aromatische Kräuter runden den Geschmack ab und sorgen für Abwechslung auf dem Speiseplan.

BIERKNACKERSALAT
MIT LAUGENCROÛTONS
WÜRZIG

4 Portionen

Pro Portion:
E: 15 g, F: 45 g, Kh: 27 g,
kJ: 2382, kcal: 572, BE: 1,5

Für den Salat:
5 Bierknacker (oder Schinkenbeißer,
   dünne Rauchenden, etwa 750 g)
1 Bund Frühlingszwiebeln
2 kleine rote Zwiebeln
1 Bund Radieschen

Für die Sauce:
60 ml Weinessig
25 ml Gemüsebrühe
Salz
etwas Zucker
gemahlener Pfeffer
60 ml Maiskeimöl

1 Kopf Eisbergsalat

Für die Laugencroûtons:
2 Laugenbrezeln oder
   Laugenbrötchen
etwa 25 g Butter

Zubereitungszeit:
45 Minuten

1 Bierknacker in dünne Scheiben schneiden und in eine große Schüssel geben.

2 Die Frühlingszwiebeln putzen, abspülen, abtropfen lassen und in dünne Scheiben schneiden. Zwiebeln abziehen, halbieren und in dünne Scheiben schneiden oder hobeln. Radieschen putzen, abspülen, abtropfen lassen, vierteln oder in Spalten schneiden und mit den Zwiebeln zu den Wurstscheiben geben.

3 Für die Sauce Essig mit Gemüsebrühe verrühren, mit Salz, Zucker und Pfeffer würzen. Das Öl unterschlagen und die Sauce mit den vorbereiteten Salatzutaten vermengen.

4 Den Eisbergsalat putzen, abspülen und abtropfen lassen. Den Kopf vierteln und in mundgerechte Stücke schneiden. Die Salatstücke untermischen.

5 Für die Laugencroûtons die Brezeln oder Brötchen in kleine Würfel schneiden. Die Butter in einer großen Pfanne zerlassen und die Laugengebäckwürfel unter gelegentlichem Rühren von allen Seiten knusprig braten.

6 Zum Servieren den Salat nochmals durchmischen, abschmecken und die Croûtons dazureichen.

TIPP:
Der Salat kann 2–3 Stunden vor dem Verzehr bis einschließlich Punkt 3 vorbereitet werden und zugedeckt im Kühlschrank stehen.

ROTER SALAT
GENUSS WIE IM URLAUB

4 Portionen

Pro Portion:
E: 37 g, F: 35 g, Kh: 59 g,
kJ: 3173, kcal: 759, BE: 4,5

Für den Salat:
170 g rote Linsen
etwa 350 g Chorizo-Wurst (im
  Naturdarm)
4 rote Paprikaschoten (etwa 600 g)
350 g kleine Tomaten
etwa 300 rote Zwiebeln
1–2 Stängel Koriander
400 g rote Kidneybohnen
  (1 kleine Dose mit Flüssigkeit)

Für die Sauce:
240 ml Sweet- & Sour-Sauce
1 gestr. TL Sambal Oelek
Salz
gemahlener Pfeffer

Zubereitungszeit:
45 Minuten, ohne Durchziehzeit

1 Die roten Linsen nach Packungsanleitung etwa 10 Minuten garen (die Linsen sollten noch leicht Biss haben und nicht zerkocht sein). Dann die Linsen auf einem Sieb gut abtropfen lassen. Chorizo in dünne Scheiben schneiden.

2 Paprikaschoten halbieren, entstielen, entkernen und weiße Scheidewände entfernen. Schoten abspülen, abtropfen lassen und grob würfeln. Die Tomaten abspülen, abtropfen lassen, halbieren und die Stängelansätze herausschneiden. Tomaten in Spalten schneiden.

3 Die Zwiebeln abziehen, halbieren und in schmale Spalten schneiden. Koriander abspülen, trocken tupfen und die Blättchen von den Stängeln zupfen. Einige Blättchen zum Garnieren beiseitelegen. Die restlichen Blättchen fein schneiden.

4 Die Kidneybohnen mit der Flüssigkeit in eine große Schüssel füllen und mit den Linsen, Wurstscheiben, Paprikawürfeln, Tomaten, Zwiebelspalten und Koriander gut vermischen.

5 Die Sweet- & Sour-Sauce mit dem Sambal Oelek vermischen und auf die Salatzutaten geben. Die Sauce mit den Salatzutaten vermischen. Den Salat mit Salz und Pfeffer abschmecken. Salat zugedeckt etwa 1 Stunde im Kühlschrank durchziehen lassen.

6 Zum Servieren den Salat nochmals durchmischen, abschmecken und mit den beiseitegelegten Korianderblättchen garnieren.

TIPP:
Die roten Linsen können Sie wie in Punkt 1 beschrieben bereits am Vortag zubereiten, erkalten lassen und zugedeckt in den Kühlschrank stellen.
Der Salat kann bis zu 3 Stunden vor dem Servieren zubereitet werden und im Kühlschrank durchziehen.

CHINAKOHLSALAT MIT SCHMANDSAUCE

FRUCHTIG-KNACKIG GETOPPT

6 Portionen

Pro Portion:
E: 28 g, F: 20 g, Kh: 14 g,
kJ: 1490, kcal: 356, BE: 1,0

Für den Salat:
1 dicke Stange Porree (Lauch)
Salzwasser
900 g Chinakohl

Für die Schmandsauce:
250 g Schmand (Sauerrahm)
25 ml Milch (3,5 % Fett)
1 ½–2 EL Zitronensaft
Salz
gemahlener Pfeffer
½ TL gemahlener Koriander
1 TL Zucker

500 g Putenbrustaufschnitt
2 Orangen
100 g Cashewkerne
80 g abgetropfte Sojabohnen-
  Keimlinge (aus dem Glas)

Zubereitungszeit:
40 Minuten

1 Porree putzen, die Stange längs einschneiden, waschen, abtropfen lassen und in schmale Streifen schneiden. Salzwasser in einem Topf zum Kochen bringen und die Porreestreifen kurz darin blanchieren. Dann die Porreestreifen auf ein Sieb geben, mit kaltem Wasser abschrecken und abtropfen lassen.

2 Von dem Chinakohl die äußeren welken Blätter entfernen, den Kohl vierteln und den Strunk herausschneiden. Chinakohl abspülen, gut abtropfen lassen und in schmale Streifen schneiden.

3 Für die Schmandsauce den Schmand mit der Milch verrühren, mit Zitronensaft, Salz, Pfeffer, Koriander und Zucker würzen. Die Sauce mit den Chinakohl- und Porreestreifen vermischen.

4 Den Putenbrustaufschnitt in schmale Streifen schneiden. Die Orangen mit einem Messer so schälen, dass die weiße Haut mit entfernt wird. Die Filets aus den Trennhäuten und in Stücke schneiden. Dabei den Saft auffangen und unter die Chinakohl-Porree-Mischung geben.

5 Die Cashewkerne hacken, in einer Pfanne ohne Fett unter gelegentlichem Wenden leicht anrösten und auf einen Teller geben.

6 Die Chinakohl-Porree-Mischung auf einer großen Platte verteilen. Die Putenstreifen, Orangenfiletstücke und Sojabohnen-Keimlinge darauf verteilen. Den Salat mit den Cashewkernen bestreuen und servieren.

Beilage: Frisch getoastete Vollkorntoastscheiben.

TIPP:

Sie können den Salat anstelle von Chinakohl auch mit Eisbergsalat zubereiten.
Der Salat ist schnell gemacht und schmeckt frisch zubereitet am besten. Aber Sie können die Zutaten etwa 2 Stunden vor dem Servieren einzeln vorbereiten und zugedeckt (die Schmandsauce und die Putenstreifen im Kühlschrank) beiseitestellen. Dann den Salat kurz vor dem Servieren anrichten.

ZIGEUNERSALAT

GELINGT LEICHT

6 Portionen

Pro Portion:
E: 12 g, F: 23 g, Kh: 17 g,
kJ: 1360, kcal: 324, BE: 1,0

Für die Salatsauce:
etwa 500 g Fleischwurst (am Stück)
2 Zwiebeln
etwa 180 g abgetropfte Gewürzgurken (aus dem Glas)
5 mittelgroße Tomaten
280 g abgetropfte Perlzwiebeln
   (Silberzwiebeln, aus dem Glas)
1 EL abgetropfte Kapern

Für die Salatsauce:
25 ml Zigeunersauce
etwa 50 ml Gurkenflüssigkeit (aus
   dem Glas)
etwas Tabasco
Salz
gemahlener Pfeffer
1–2 Prisen Zucker

einige Stängel Petersilie
125 ml Zigeunersauce

Zubereitungszeit:
30 Minuten, ohne Durchziehzeit

1 Die Fleischwurst enthäuten, zuerst in Scheiben, dann in Streifen schneiden. Zwiebeln abziehen und klein würfeln. Gewürzgurken der Länge nach zuerst in Scheiben, dann in Streifen schneiden.

2 Tomaten abspülen, abtrocknen, vierteln und die Stängelansätze herausschneiden. Tomaten in Stücke schneiden.

3 Die Perlzwiebeln halbieren. Fleischwurststreifen, Zwiebelwürfel, Gewürzgurkenstreifen, Tomatenstücke und Perlzwiebeln mit Kapern in einer großen Schüssel mischen.

4 Für die Salatsauce die Zigeunersauce mit der Gurkenflüssigkeit verrühren, mit Tabasco, Salz, Pfeffer und Zucker würzen. Die Salatsauce mit den Salatzutaten vermischen. Den Salat zugedeckt etwa 30 Minuten im Kühlschrank durchziehen lassen.

5 Den Salat vor dem Servieren nochmals durchmischen, mit den Gewürzen und etwas Gurkenflüssigkeit abschmecken. Petersilie abspülen, trocken tupfen und die Blättchen von den Stängeln zupfen. Den Salat mit den Blättchen garnieren und mit der Zigeunersauce servieren.

Beilage: Frisches Mischbrot oder Roggenbrötchen.

TIPP:
Der Salat kann 3–4 Stunden vor dem Servieren zubereitet werden und im Kühlschrank durchziehen.

GRAFENAUER LEBERKÄSESALAT

DEFTIG

4 Portionen

Pro Portion:
E: 30 g, F: 67 g, Kh: 37 g,
kJ: 3612, kcal: 864, BE: 2,5

Für den Salat:
etwa 700 g Leberkäse
300 g Rettich
2 rote Zwiebeln (etwa 330 g)
2 Bio-Salatgurken (etwa 500 g)
1 Bund Schnittlauch

Für das Salatdressing:
50 ml Weißweinessig
1 EL mittelscharfer Senf
Salz
gemahlener Pfeffer
70 ml Sonnenblumenöl

Zum Garnieren:
2 Eier (Größe M)
2 Laugenstangen oder Laugen-
  gebäck (etwa 170 g)

Zubereitungszeit:
50 Minuten, ohne Abkühl- und
Durchziehzeit

1 Den Leberkäse zunächst in dicke Scheiben, dann in längliche Stücke und zum Schluss in dünne Scheibchen schneiden.

2 Den Rettich putzen, schälen, abspülen, abtropfen lassen, längs vierteln und in dünne Scheiben hobeln. Zwiebeln abziehen, zuerst in dünne Scheiben schneiden, dann in Ringe teilen oder die Zwiebeln hobeln.

3 Die Gurken abspülen, abtrocknen und die Enden abschneiden. Die Gurken längs vierteln und die Kerne herausschaben. Gurken in dünne Scheiben schneiden oder hobeln. Schnittlauch abspülen, trocken tupfen und in Röllchen schneiden.

4 Für das Salatdressing Weißweinessig mit Senf verrühren, mit Salz und Pfeffer würzen. Das Sonnenblumenöl unterschlagen. Leberkäse, Rettich, Zwiebeln, Gurken und Schnittlauch mit dem Salatdressing in einer großen Schüssel vermischen. Den Salat zugedeckt etwa 1 Stunde im Kühlschrank durchziehen lassen.

5 In der Zwischenzeit zum Garnieren die Eier in kochendem Wasser in etwa 8 Minuten hart kochen. Dann die Eier mit kaltem Wasser abschrecken, etwas abkühlen lassen und pellen.

6 Die Laugenstangen in kleine Würfel schneiden und in einer Pfanne ohne zusätzliches Fett bei schwacher Hitze anrösten. Dann die Laugencroûtons aus der Pfanne nehmen.

7 Zum Servieren die Eier vierteln oder achteln. Den Leberkäsesalat nochmals durchmischen, abschmecken, mit Laugencroûtons und Eiern anrichten.

TIPP:

Der Salat kann etwa 5 Stunden im Kühlschrank durchziehen.
Auch die Eier und die Laugencroûtons zum Garnieren können wie im Rezept beschrieben vorbereitet werden.

WIRSING-KASSELER-SALAT
MIT KNUSPERSPECK

6 Portionen

Pro Portion:
E: 39 g, F: 42 g, Kh: 19 g,
kJ: 2543, kcal: 606, BE: 1,5

Für den Salat:
750 g Kasseler Kotelettstück (ohne
  Knochen)
1–2 EL Speiseöl, z. B. Rapsöl

600 g Wirsing
Salzwasser
300 g Schalotten

1 TL Speiseöl, z. B. Rapsöl
25 g Zucker
50 ml Wasser

Für das Balsamico-Dressing:
3 EL Crema di Balsamico
75 ml Balsamico-Essig
Salz
gemahlener Pfeffer
100 ml Nussöl, z. B. Walnussöl

100 g gehackte Nusskerne
  (z. B. Erdnüsse, Walnüsse oder
  Haselnüsse)
300 g magerer Schinkenspeck in
  dünnen Scheiben
1 EL rosa Pfefferbeeren

Zubereitungszeit:
45 Minuten, ohne Abkühl- und
Durchziehzeit
Garzeit: 45–60 Minuten

1 Den Backofen vorheizen.
Ober-/Unterhitze: etwa 180 °C, Heißluft: etwa 160 °C

2 Kasseler mit Küchenpapier abtupfen. Das Speiseöl in einem Bräter erhitzen. Das Kasseler darin rundherum anbraten. Den Bräter auf dem Rost im unteren Drittel in den vorgeheizten Backofen schieben. Kasseler 45–60 Minuten garen. Dann das Fleisch erkalten lassen.

3 Wirsing putzen, vierteln und den Strunk herausschneiden. Den Wirsing abspülen und abtropfen lassen. Wirsing in schmale Streifen schneiden. Salzwasser in einem großen Topf erhitzen. Die Wirsingstreifen darin portionsweise kurz blanchieren, dann mit kaltem Wasser abschrecken und abtropfen lassen.

4 Schalotten abziehen. Salzwasser in einem großen Topf zum Kochen bringen. Die Schalotten darin etwa 5 Minuten garen, dann auf einem Sieb abtropfen lassen.

5 Speiseöl in einer großen Pfanne erhitzen und die Schalotten darin anbraten. Den Zucker daraufstreuen und die Schalotten karamellisieren. Wasser unterrühren und in etwa 2 Minuten verkochen lassen. Die Schalotten aus der Pfanne nehmen.

6 Das Fleisch zunächst in Scheiben, dann in Streifen schneiden.

7 Für das Balsamico-Dressing Crema di Balsamico mit Balsamico-Essig verrühren, mit Salz und Pfeffer würzen. Das Nussöl unterschlagen. Das Dressing mit Kasseler, Wirsing, Schalotten und Nusskernen in einer großen Schüssel vermischen. Den Salat zugedeckt etwa 1 Stunde im Kühlschrank durchziehen lassen.

8 Inzwischen den Schinkenspeck in kleinere Scheiben schneiden und in einer großen Pfanne ohne weiteres Fett kross braten. Die Schinkenstücke auf Küchenpapier abtropfen lassen. Zum Servieren den Salat durchmischen, abschmecken und mit rosa Pfefferbeeren bestreuen. Den Knusperspeck dazureichen.

TIPP:

Das Fleisch können Sie schon am Vortag vorbereiten. Den erkalteten Kasseler Braten dann zugedeckt in den Kühlschrank stellen.

MÖHREN-INGWER-SALAT MIT HÄHNCHEN

DAUERT LÄNGER

6 Portionen

Pro Portion:
E: 35 g, F: 24 g, Kh: 41 g,
kJ: 2210, kcal: 528, BE: 3,0

Für den Salat:
750 g Hähnchenbrustfilet
Salz
gemahlener Pfeffer
2 EL Speiseöl, z. B. Rapsöl

250 g Instant-Couscous

500 g dicke Möhren
Salzwasser
2 Bund Frühlingszwiebeln
 (etwa 400 g)

35 g Ingwer
3–4 Stängel Minze
etwa 40 ml Limettensaft
50 ml weißer Balsamico-Essig
1 Prise Zucker
125 ml Nussöl

Zubereitungszeit:
80 Minuten, ohne Durchziehzeit

1 Die Hähnchenbrustfilets mit Küchenpapier abtupfen. Die Hähnchenfilets in mundgerechte Stücke schneiden, mit Salz und Pfeffer würzen

2 Das Speiseöl in einer großen Pfanne erhitzen. Die Hähnchenstücke darin evtl. portionsweise unter Rühren gut anbraten und in etwa 10 Minuten gar braten, dann aus der Pfanne nehmen.

3 Couscous nach Packungsanleitung zubereiten.

4 Möhren putzen, schälen, abspülen und abtropfen lassen. Salzwasser in einem großen Topf zum Kochen bringen und die Möhren darin etwa 10 Minuten garen. Dann die Möhren aus dem Topf nehmen, mit kaltem Wasser abschrecken und abtropfen lassen.

5 Die Frühlingszwiebeln putzen, etwa ein Drittel des dunklen Grüns abschneiden. Die Zwiebeln abspülen, abtropfen lassen und in etwa 2 cm lange Stücke schneiden.

6 Ingwer schälen und fein würfeln. Minze abspülen, trocken tupfen und die Blättchen von den Stängeln zupfen. Einige Blättchen zum Garnieren beiseitelegen. Die restlichen Blättchen fein hacken.

7 Die Möhren längs halbieren und in dünne Scheiben schneiden. Couscous auflockern und mit den Möhrenscheiben, den Hähnchenstücken und den Frühlingszwiebelstücken in einer großen Schüssel vermischen.

8 Limettensaft mit Balsamico-Essig, Ingwer und Minze verrühren, mit Salz, Pfeffer und Zucker würzen. Nussöl unterschlagen. Die Salatsauce mit den restlichen Salatzutaten gut vermischen. Den Salat zugedeckt im Kühlschrank etwa 1 Stunde durchziehen lassen.

9 Zum Servieren den Salat nochmals durchmischen, abschmecken und mit den beiseitegelegten Minzeblättchen garniert servieren.

TIPP:

Sie können den Salat am Vortag zubereiten und zugedeckt in den Kühlschrank stellen.

ROTKOHLSALAT MIT APRIKOSEN UND HÄHNCHENWÜRFELN

FRUCHTIG - PIKANT

4 Portionen

Pro Portion:
E: 50 g, F: 27 g, Kh: 31 g,
kJ: 2426, kcal: 583, BE: 2,5

Für den Salat:
700 g Hähnchenbrustfilets
Salz
gemahlener Pfeffer
1–2 EL Speiseöl, z. B. Rapsöl

Salzwasser
500 g Rotkohl

650 g abgetropfte Aprikosenhälften
(aus Dosen)

Für das Dressing:
3 EL Himbeer-Essig
3 EL Aprikosensaft (aus der Dose)
3 EL süßsaure Sauce
3 EL Speiseöl, z. B. Rapsöl

200 g Frühstücksspeck in dünnen
Scheiben (Bacon)

Zubereitungszeit:
75 Minuten, ohne Durchziehzeit

1 Hähnchenbrustfilets mit Küchenpapier abtupfen und in kleine Würfel schneiden. Die Hähnchenwürfel mit Salz und Pfeffer würzen. Das Speiseöl in einer großen Pfanne erhitzen. Die Hähnchenwürfel in 2 Portionen darin anbraten und in jeweils etwa 5 Minuten unter gelegentlichem Rühren gar braten und aus der Pfanne nehmen.

2 Salzwasser in einem großen Topf zum Kochen bringen. Den Rotkohl von den äußeren Blättern befreien. Kohl achteln und den Strunk herausschneiden. Kohl abspülen, abtropfen lassen und fein schneiden oder hobeln.

3 Den Rotkohl in dem kochendem Salzwasser etwa 10 Minuten garen. Dann den Rotkohl auf ein Sieb geben, mit kaltem Wasser abspülen und abtropfen lassen.

4 Aprikosenhälften auf einem Sieb abtropfen lassen, dabei den Saft auffangen. 3 Esslöffel Saft abmessen und für das Salatdressing beiseitestellen. Die Früchte in kleine Stücke schneiden.

5 Für das Dressing Essig mit Fruchtsaft und süßsaurer Sauce verrühren, mit Salz und Pfeffer würzen. Das Speiseöl unterschlagen.

6 Das Hähnchenfleisch mit Rotkohl, Fruchtstücken und Dressing vermischen. Den Salat zugedeckt im Kühlschrank mindestens 1 Stunde durchziehen lassen.

7 Inzwischen die Speckscheiben in je 6 Stücke schneiden und in einer Pfanne ohne weitere Fettzugabe knusprig ausbraten. Die Speckstücke auf Küchenpapier abtropfen lassen.

8 Zum Servieren den Salat nochmals durchmischen, abschmecken und mit den Speckstücken reichen.

TIPP:

Der Salat ist auch mit Pfirsichen aus der Dose statt der Aprikosen sehr lecker.

Für den Salat können Sie das Hähnchenfleisch und den Rotkohl bis einschließlich Punkt 3 am Vortag vorbereiten und getrennt zugedeckt in den Kühlschrank stellen.

Oder den Salat 2–3 Stunden vor den Servieren zubereiten und im Kühlschrank durchziehen lassen.

SALAT MIT WURZELGEMÜSE UND SCHWEINEFILET

BUNT GEMISCHT

4 Portionen

Pro Portion:
E: 17 g, F: 27 g, Kh: 37 g,
kJ: 1964, kcal: 469, BE: 2,5

Für den Salat:
500 g Steckrübe
2 Petersilienwurzeln (etwa 400 g)
4 Möhren (etwa 500 g)
Salzwasser
1 Bund Frühlingszwiebeln

400 g Schweinefilet
1 EL Speiseöl, z. B. Sonnenblumenöl
170 g Rote Bete (vorgegart,
  vakuumverpackt)

Für das Dressing:
1 Bund Schnittlauch
50 ml Rotwein-Essig
1 Prise gemahlener Kümmel
Salz
gemahlener Pfeffer
70 ml Traubenkernöl

Zubereitungszeit:
60 Minuten, ohne Durchziehzeit

1 Steckrübe, Petersilienwurzeln und Möhren putzen, schälen, abspülen und abtropfen lassen. Steckrübe halbieren, zuerst in etwa 1 cm dicke Scheiben, dann in 3–4 cm lange Stifte schneiden. Petersilienwurzeln und Möhren in knapp 1 cm dicke Scheiben schneiden.

2 Salzwasser in einem großen Topf zum Kochen bringen. Darin nacheinander Steckrübenstifte, Petersilienwurzel- und Möhrenscheiben je etwa 5 Minuten garen, das Gemüse sollte noch bissfest sein. Das Gemüse jeweils mit einer Schaumkelle aus dem Topf nehmen, mit kaltem Wasser abschrecken und abtropfen lassen.

3 Die Frühlingszwiebeln putzen, etwa ein Drittel des dunklen Grüns abschneiden. Die Zwiebeln abspülen, abtropfen lassen und in etwa 2 cm lange Stücke schneiden.

4 Schweinefilet mit Küchenpapier trocken tupfen, evtl. entsehnen und entfetten. Filet in etwa 1 cm dicke Scheiben schneiden. Das Speiseöl in einer großen Pfanne erhitzen. Die Schweinefiletscheiben darin evtl. in 2 Portionen von beiden Seiten etwa 5 Minuten braten, dann mit Salz und Pfeffer würzen und aus der Pfanne nehmen.

5 Rote Bete mit Küchenpapier trocken tupfen, je nach Größe halbieren oder vierteln und in etwa ½ cm dicke Scheiben schneiden. Die Steckrübenstifte mit den Petersilienwurzel-, Möhren- und Rote-Bete-Scheiben, den Frühlingszwiebelstücken sowie den Schweinefiletscheiben in einer großen Schüssel vermischen.

6 Für das Dressing Schnittlauch abspülen, trocken tupfen und in Röllchen schneiden. Etwa 1 Esslöffel Schnittlauchröllchen zum Garnieren beiseitelegen. Essig mit Kümmel und Schnittlauchröllchen verrühren, mit Salz und Pfeffer würzen. Traubenkernöl unterschlagen. Das Dressing mit den Salatzutaten mischen und zugedeckt mindestens 1 Stunde im Kühlschrank durchziehen lassen.

7 Zum Servieren den Salat nochmals durchmischen, abschmecken und mit den beiseitegelegten Schnittlauchröllchen garnieren.

TIPP:

Sie können den Salat bis einschließlich Punkt 6 schon etwa 5 Stunden vor dem Servieren zubereiten und zugedeckt im Kühlschrank durchziehen lassen.

ROSENKOHLSALAT
MIT MEERRETTICH-SENF-DRESSING

PIKANT ABGESCHMECKT

4 Portionen

Pro Portion:
E: 14 g, F: 38 g, Kh: 14 g,
kJ: 1937, kcal: 463, BE: 1,0

Für den Salat:
100 g Frühstücksspeck (Bacon)
800 g Rosenkohl
Salzwasser

2 Schalotten
2 Bund glatte Petersilie
100 g Walnusskerne
1 Prise Salz
2 EL Himbeeressig
gemahlener Pfeffer
1 ½ EL Honig
1 EL mittelscharfer Senf
1 EL frisch geriebener Meerrettich
5 EL Sonnenblumenöl

Zubereitungszeit:
45 Minuten

1 Frühstücksspeck in Streifen schneiden und in einer Pfanne ohne zusätzliches Fett bei schwacher Hitze unter Rühren auslassen. Die Speckstreifen mit einem Schaumlöffel aus der Pfanne nehmen und auf Küchenpapier abtropfen lassen.

2 Rosenkohl putzen, vierteln, abspülen und abtropfen lassen. Salzwasser in einem großen Topf zum Kochen bringen. Den Rosenkohl darin etwa 5 Minuten kochen. Rosenkohl auf ein Sieb geben, mit eiskaltem Wasser abschrecken und abtropfen lassen. Rosenkohl zugedeckt warm halten.

3 Schalotten abziehen und fein würfeln. Petersilie abspülen und trocken tupfen. Die Blättchen von den Stängeln zupfen und fein hacken. Die Walnusskerne grob hacken.

4 Eine gute Prise Salz in dem Himbeeressig auflösen. Pfeffer, Honig, Senf, Meerrettich und Schalottenwürfel unterrühren. Das Sonnenblumenöl unterschlagen.

5 Den lauwarmen Rosenkohl mit dem Dressing sowie Speck, Petersilie und den Nüssen gut durchmischen und noch einmal abschmecken.

Beilage: Gebratenes Schweinefilet oder gebratene Geflügelleber.

TIPP:

Rosenkohl ist durch seinen hohen Vitamin-C-Gehalt und seine Mineralstoffkombination ein wertvolles Wintergemüse und kann ein natürlicher Erkältungsschutz sein.
Durch Frost wird der Zuckergehalt erhöht, was den Kohl schmackhafter und leichter verdaulich macht.

ROTE-BETE-SALAT
MIT ENTENBRUST

FÜR GÄSTE

4 Portionen

Pro Portion:
E: 32 g, F: 19 g, Kh: 22 g,
kJ: 1651, kcal: 394, BE: 2,0

Für den Salat:
3 Entenbrüste (je etwa 200 g)
2 EL Feigensenf
2 EL flüssiger Honig
4 EL Himbeeressig
4 EL Olivenöl
Salz
gemahlener Pfeffer
100 g Feldsalat
1 rotschaliger Apfel
500 g Rote Bete
  (vorgegart, vakuumverpackt)
1 Bund Schnittlauch

Zubereitungszeit:
30 Minuten

1 Den Backofen vorheizen.
Ober-/Unterhitze: 180–200 °C
Heißluft: 160–180 °C

2 Die Entenbrüste mit Küchenpapier abtupfen. Eine ofenfeste Pfanne ohne Fett erwärmen. Die Haut der Entenbrüste vorsichtig mit einem scharfen Messer kreuzweise einschneiden. Die Entenbrüste mit der Hautseite nach unten nebeneinander in die erwärmte Pfanne legen, etwa 5 Minuten goldbraun braten.

3 Die Entenbrüste wenden. Die Pfanne auf dem Rost im unteren Drittel in den vorgeheizten Backofen schieben. Die Entenbrüste etwa 10 Minuten garen.

4 In der Zwischenzeit Feigensenf mit Honig und Himbeeressig verrühren. Olivenöl unterschlagen. Die Vinaigrette mit Salz und Pfeffer würzen.

5 Feldsalat verlesen, waschen, auf einem Sieb gut abtropfen lassen oder in einer Salatschleuder trocken schleudern. Die Wurzelenden vom Feldsalat abzupfen.

6 Apfel abspülen, abtrocknen, vierteln, entkernen und in dünne Spalten schneiden. Rote Bete halbieren, ebenfalls in dünne Spalten schneiden. Feldsalat mit Apfel-, Rote-Bete-Spalten und Vinaigrette mischen.

7 Die Entenbrüste aus dem Ofen nehmen und zugedeckt kurz ruhen lassen. Schnittlauch abspülen, trocken tupfen und in Röllchen schneiden. Die Entenbrüste in dünne Scheiben schneiden, diese leicht salzen und auf dem Salat anrichten. Salat mit Schnittlauch-röllchen bestreut servieren.

Beilage: Nussbrot.

TIPP:

Statt Feigensenf können Sie auch 2 getrocknete, gewürfelte Feigen mit 1 Esslöffel Senf vermischen.
Wenn Sie keinen Himbeeressig zur Hand haben, können Sie auch einen anderen Obstessig (z. B. Apfelessig) verwenden.

MAIS-BOHNEN-SALAT
MIT CABANOSSI
RAFFINIERTE MISCHUNG

6 Portionen

Pro Portion:
E: 14 g, F: 28 g, Kh: 38 g,
kJ: 1942, kcal: 463, BE: 3,0

Für den Salat:
175 g Langkornreis
Salzwasser
300 g Knabber-Cabanossi
1 gelbe Paprikaschote
2 Stangen Staudensellerie
210 g abgetropfter Gemüsemais
   (aus der Dose)
250 g abgespülte, abgetropfte
   Kidneybohnen (aus der Dose)

Für die Marinade:
6 EL Weißweinessig
1 ½ EL Tomatenketchup
1 TL milder Senf
1 Knoblauchzehe
6 EL Olivenöl
Salz
gemahlener Pfeffer
1 Prise Zucker

Zubereitungszeit:
30 Minuten, ohne Abkühl- und
Durchziehzeit

1 Reis in kochendem Salzwasser nach Packungsanleitung garen. Reis auf einem Sieb abtropfen und erkalten lassen.

2 Inzwischen Cabanossi in dünne Scheiben schneiden. Paprikaschote halbieren, entstielen, entkernen und die weißen Scheidewände entfernen. Schotenhälften in kleine Würfel schneiden. Staudensellerie putzen und die harten Außenfäden abziehen. Selleriestangen abspülen, abtropfen lassen und in dünne Scheiben schneiden. Selleriegrün beiseitelegen.

3 Den Reis mit den Cabanossischeiben, Paprikawürfeln, Selleriescheiben, Mais und Kidneybohnen in eine große Schüssel geben und gut vermischen.

4 Für die Marinade Essig mit Ketchup und Senf verrühren. Knoblauch abziehen, durch eine Knoblauchpresse drücken und hinzufügen. Olivenöl unterschlagen. Die Marinade mit Salz, Pfeffer und Zucker würzen.

5 Die Marinade mit den Salatzutaten in der Schüssel gut vermischen. Den Salat zugedeckt etwa 2 Stunden durchziehen lassen.

6 Den Salat nochmals durchmischen, mit Salz und Pfeffer abschmecken. Beiseitegelegtes Selleriegrün grob zerkleinern. Den Salat vor dem Servieren mit dem Selleriegrün garnieren.

TIPP:
Der Salat kann auch schon am Vortag bis einschließlich Punkt 5 zubereitet werden und zugedeckt im Kühlschrank durchziehen.

ZWIEBEL-WURST-SALAT

PREISWERT – EINFACH

6 Portionen

Pro Portion:
E: 8 g, F: 16 g, Kh: 12 g,
kJ: 951, kcal: 228, BE: 0,5

Für den Salat:
750 g Gemüsezwiebeln
25 ml Weißweinessig
½ TL Salz
1 EL Zucker
180 g abgetropfte Gewürzgurken
 (aus dem Glas)
250 g Fleischwurst
2 Äpfel (etwa 250 g)

Für die Marinade:
185 g Salatcreme (10 % Fett)
150 g Joghurt (3,5 % Fett)

Zubereitungszeit:
30 Minuten, ohne Durchziehzeit

1 Die Gemüsezwiebeln abziehen, halbieren und in schmale Streifen schneiden. Die Zwiebelstreifen in eine große Schüssel geben. Essig mit Salz und Zucker gut verrühren. Anschließend die Zwiebelscheiben damit übergießen.

2 Die Zwiebelscheiben mit einem Teller beschweren und die Schüssel mit Frischhaltefolie bedecken. Die Zwiebelscheiben etwa 2 Stunden durchziehen lassen (Zwiebelscheiben müssen nicht kalt gestellt werden).

3 Die Zwiebelscheiben auf ein Sieb geben und gut abtropfen lassen. Die Gewürzgurken in schmale Streifen schneiden.

4 Von der Fleischwurst die Pelle abziehen. Fleischwurst zuerst in Scheiben, dann in schmale Streifen schneiden. Äpfel schälen, vierteln, entkernen und in Stifte schneiden.

5 Die Zwiebelscheiben wieder in die Schüssel geben. Gurken-, Fleischwurststreifen und Apfelstifte hinzugeben und gut untermengen.

6 Für die Marinade Salatcreme mit Joghurt verrühren und unter den Zwiebel-Wurst-Salat mischen. Zwiebel-Wurst-Salat mit Frischhaltefolie zugedeckt im Kühlschrank mindestens 1 Stunde durchziehen lassen.

TIPP:

Den Zwiebel-Wurst-Salat vor dem Servieren mit Schnittlauchröllchen bestreuen. Der Salat kann gut am Vortag zubereitet werden und zugedeckt im Kühlschrank über Nacht durchziehen.

PORREE-CURRY-SALAT

EINFACH UND RAFFINIERT

4 Portionen

Pro Portion:
E: 21 g, F: 10 g, Kh: 8 g,
kJ: 876, kcal: 210, BE: 0,5

Für den Salat:
2 kleine Hähnchenbrustfilets
 (je etwa 150 g)
Salz
gemahlener Pfeffer
1 EL Speiseöl, z. B. Rapsöl

2 Stangen Porree
 (Lauch, je etwa 200 g)

Für die Joghurtsauce:
100 g Magermilchjoghurt
 (0,3 % Fett)
80 g Joghurt-Salatcreme
 (30 % Fett)
1 Prise Zucker
gut ½ EL Currypulver

1 geh. EL Cashewkerne (20 g)
einige Stängel glatte Petersilie

Zubereitungszeit:
30 Minuten, ohne Abkühl- und
Durchziehzeit

1 Die Hähnchenbrustfilets mit Küchenpapier abtupfen und mit Salz und Pfeffer bestreuen.

2 Das Speiseöl in einer Pfanne erhitzen. Die Hähnchenbrustfilets darin von beiden Seiten bei mittlerer bis starker Hitze etwa 10 Minuten gut durchbraten. Die Filets herausnehmen und auf einem Teller abkühlen lassen.

3 In der Zwischenzeit Porree putzen, die Stangen längs einschneiden, gründlich waschen und abtropfen lassen. Porree schräg in dünne Streifen schneiden.

4 Den Joghurt mit der Salatcreme verrühren. Die Joghurtsauce mit Salz, Pfeffer, Zucker und Curry würzig abschmecken.

5 Die Porreestreifen vorsichtig mit der Joghurtsauce vermischen und das Ganze etwa 30 Minuten durchziehen lassen.

6 In der Zwischenzeit die Cashewkerne in einer Pfanne ohne Fett unter Wenden goldbraun rösten und auf einen Teller geben.

7 Petersilie abspülen, trocken tupfen und die Blättchen von den Stängeln zupfen.

8 Die Hähnchenbrustfilets in dünne Scheiben schneiden und dekorativ auf den Salat legen. Den Salat vor dem Servieren mit den Cashewkernen bestreuen und mit Petersilie garnieren.

Beilage: Zu jeder Portion 2 Scheiben Bauernbrot servieren.

TIPP:

Porree ist für manche Menschen bekömmlicher, wenn er zuvor blanchiert wird. Dafür die Porreestreifen für 1–2 Minuten in kochendem Salzwasser garen. Dann auf ein Sieb geben, mit kaltem Wasser abspülen und gut abtropfen lassen.

ROASTBEEF-SALAT
HERZHAFT – ETWAS TEURER

4 Portionen

Pro Portion:
E: 20 g, F: 11 g, Kh: 2 g,
kJ: 790, kcal: 189, BE: 0,0

Für den Salat:
250 g Roastbeef-Aufschnitt in
  Scheiben (möglichst durchgegart)
2 rote Zwiebeln (etwa 130 g)
1 Knoblauchzehe
2 Sardellenfilets in Salz
  (aus dem Glas)
4 abgetropfte, kleine Essiggurken
  (etwa 60 g)
4 TL abgetropfte Kapern
  (etwa 20 g)

Für die Salatsauce:
1 EL Weißweinessig
1 EL Zitronensaft
3 EL Olivenöl (30 g)
1 Msp. mittelscharfer Senf
Salz
gemahlener Pfeffer

Zubereitungszeit:
20 Minuten, ohne Durchziehzeit

1 Den Roastbeef-Aufschnitt in etwa 1 cm breite Streifen schneiden.

2 Zwiebeln abziehen, halbieren und in feine Streifen schneiden. Knoblauch abziehen und durch eine Knoblauchpresse drücken oder sehr fein hacken.

3 Die Sardellenfilets mit kaltem Wasser abspülen und trocken tupfen. Essiggurken und Kapern ebenfalls trocken tupfen. Sardellenfilets, Essiggurken und Kapern mit einem großen Messer fein hacken oder in kleine Würfel schneiden.

4 Die Zwiebelstreifen mit fein gehacktem Knoblauch, Sardellenfilets, Essiggurken und Kapern in einer Schüssel vermischen.

5 Den Essig mit dem Zitronensaft verrühren. Das Olivenöl unterschlagen, den Senf unterrühren. Dann die Rostbeef-Streifen mit der Sauce zu der Zwiebel-Kapern-Masse geben und alles gut verrühren. Den Salat mit etwas Salz und Pfeffer abschmecken und etwa 30 Minuten durchziehen lassen.

Beilage: Lauwarmes Ciabatta oder frisches Roggen-Vollkornbrot.

Warenkunde: Zu den wertvollsten Teilstücken eines Rindes gehört das Roastbeef. Es ist besonders mager, hat kaum Fetteinlagerungen und schmeckt dennoch wunderbar saftig-aromatisch. Roastbeef-Aufschnitt gibt es frisch beim Metzger oder in gut sortierten Fleischtheken.

TIPP:

Roastbeef ist sehr teuer. Wenn es dennoch etwas teurer sein darf, erlaubt die Fett- und Kalorienbilanz des Salats es auch, die Rostbeefmenge um 100 g auf 350 g zu erhöhen. Preiswerte Alternativen zu Roastbeef sind Hähnchen- oder Putenbrustaufschnitt.

LINSENSALAT
MIT GEBRATENER BLUTWURST

RAFFINIERT

4 Portionen

Pro Portion:
E: 21 g, F: 35 g, Kh: 37 g,
kJ: 2288, kcal: 545, BE: 3,0

Für den Salat:
150 g kleine, französische Linsen
　(Puy-Linsen)
1 Knoblauchzehe
1 Lorbeerblatt
1 kleine Zwiebel
1 Möhre
100 g Knollensellerie
1 Stange Porree (Lauch)
20 g Butter

Für das Dressing:
3 EL Rotweinessig
1 EL Honig
Salz
gemahlener Pfeffer
4 EL Sonnenblumenöl

2 Äpfel, z. B. Delicious
300 g geräucherte Blutwurst
2–3 EL Sonnenblumenöl
etwas Crema di Balsamico

Zubereitungszeit:
45 Minuten, ohne Abkühlzeit

1 Die Linsen abspülen und abtropfen lassen. Linsen nach Packungsanleitung mit der Knoblauchzehe und dem Lorbeerblatt gar, aber noch bissfest kochen. Anschließend die Linsen auf einem Sieb abtropfen lassen.

2 Die Zwiebel abziehen und fein würfeln. Möhre und Sellerie putzen, schälen, abspülen, abtropfen lassen und in feine Würfel schneiden. Porree putzen, längs halbieren, waschen, abtropfen lassen und ebenfalls in feine Stücke schneiden.

3 Die Butter in einer Pfanne zerlassen. Zwiebel-, Möhren-, Selleriewürfel und Porreestücke darin andünsten. Die Linsen hinzufügen und noch 3–4 Minuten mitdünsten. Linsen-Gemüse-Mischung in eine Schüssel füllen.

4 Für das Dressing Essig mit Honig verrühren, mit Salz und Pfeffer würzen. Sonnenblumenöl unterschlagen. Das Dressing unter die noch warme Linsen-Gemüse-Mischung rühren. Salat noch etwas abkühlen lassen.

5 Äpfel waschen, abtrocknen, vierteln, entkernen und in schmale Spalten schneiden. Die Blutwurst enthäuten und in etwa 1 cm dicke Scheiben schneiden. Öl in einer Pfanne erhitzen. Die Apfelspalten darin von beiden Seiten kurz anbraten und herausnehmen. Dann die Blutwurstscheiben von beiden Seiten darin braten. Den Linsensalat mit Apfelspalten und Blutwurstscheiben auf Tellern anrichten und mit ein paar Tropfen Crema di Balsamico beträufeln.

TIPP:

Den Salat kann man mit Kartoffelpüree auch als Hauptspeise servieren. Französische Puy-Linsen sind grüne Linsen mit einem intensiven nussigen Geschmack. Es können aber auch normale Tellerlinsen verwendet werden, diese nach Packungsanleitung zubereiten. Crema di Balsamico ist aufgrund seiner cremigen Konsistenz ideal zum Würzen und Garnieren.

KRAUTSALAT

GUT VORZUBEREITEN

4–6 Portionen

Pro Portion:
E: 4 g, F: 8 g, Kh: 8 g,
kJ: 505, kcal: 120, BE: 0,5

Für den Salat:
500–750 g Weißkohl
150 g Gemüsezwiebeln
½ TL Kümmelsamen
2–3 EL Speiseöl, z. B. Sonnen-
  blumen- oder Rapsöl
75 g Speckwürfel
2–3 EL Weißweinessig
½ TL Selleriesalz
½ TL Salz
¼ TL gemahlener Pfeffer
½–1 EL Zucker
1 TL geriebener Meerrettich
  (aus dem Glas)

Zubereitungszeit:
12 Minuten, ohne Durchziehzeit

1 Von dem Weißkohl die äußeren Blätter entfernen. Den Kohl vierteln, den Strunk herausschneiden. Den Kohl in feine Streifen schneiden oder hobeln, abspülen und abtropfen lassen. Zwiebeln abziehen und in feine Streifen schneiden. Kohl- und Zwiebelstreifen in eine große Schüssel geben. Kümmel mit einigen Tropfen Öl auf einem Brett grob hacken (Hinweis: Das Öl dient dazu, dass der Kümmel beim Hacken nicht wegspringt).

2 Von dem Öl 1 Esslöffel in einer Pfanne erhitzen. Die Speckwürfel darin knusprig braten, herausnehmen, auf Küchenpapier abtropfen lassen.

3 Für die Marinade restliches Öl, Essig, Selleriesalz, Salz, Pfeffer, Zucker und Meerrettich in einen Topf geben. Die Zutaten unter Rühren einmal aufkochen.

4 Die heiße Marinade über den Weißkohlsalat geben. Zutaten gut vermengen und den Salat etwa 1 Stunde durchziehen lassen.

5 Salat vor dem Servieren mit Salz, Pfeffer, Meerrettich und Zucker abschmecken, mit den Speckwürfeln bestreut servieren.

Variante: Für einen vegetarischen Krautsalat den Speck weglassen. Dafür 2 Esslöffel Sonnenblumenkerne in einer Pfanne ohne Fett unter Wenden rösten und daraufstreuen.

TIPP:

Zum Krautsalat schmeckt gebratener Fleischkäse. Sie können den Salat bereits einen Tag vor dem Verzehr zubereiten. Wenn Sie den Krautsalat durchkneten, wird er noch weicher und zieht besser durch.

COLESLAW MIT FRUCHTIG-SCHARFEN GARNELEN

ETWAS TEURER

4 Portionen

Pro Portion:
E: 22 g, F: 26 g, Kh: 44 g,
kJ: 2098, kcal: 502, BE: 3,5

Für den Salat:
16 TK-Garnelen (ohne Kopf und
  Schale, entdarmt, je etwa 20 g)
2 Fenchelknollen (etwa 600 g)
200 g Rotkohl
75 ml Grapefruitsaft
2 EL süßer Senf
1 EL scharfes Currypulver
2–3 EL brauner Zucker
Salz
2–3 Stängel Dill
200 g Mangofruchtfleisch
4 EL Traubenkernöl
je 1 Bio-Orange und Zitrone
2 EL Olivenöl
1 TL Chiliflocken
100 g Gemüsechips

Zubereitungszeit:
30 Minuten, ohne Auftauzeit

1 TK-Garnelen nach Packungsanleitung auftauen.

2 Fenchel und Rotkohl putzen. Die Stiele der Fenchelknollen dicht oberhalb der Knollen abschneiden. Rotkohl evtl. vierteln und den Strunk herausschneiden. Fenchel und Rotkohl abspülen, abtropfen lassen und in sehr dünne Streifen hobeln.

3 Grapefruitsaft mit Senf verrühren, mit Curry, Zucker und Salz würzen. Grapefruitdressing mit Fenchel- und Rotkohlstreifen mischen und mit den Händen kräftig durchkneten.

4 Dill abspülen, abtropfen lassen, die Spitzen von den Stängeln zupfen und fein schneiden. Mangofruchtfleisch in kleine Stücke schneiden, mit Dill und Traubenkernöl mit der Fenchel-Kraut-Mischung vermengen.

5 Orange und Zitrone heiß abwaschen, abtrocknen und mit einem Zestenreißer Orangen- und Zitronenzesten abziehen, einige zum Garnieren beiseitelegen. Orange und Zitrone halbieren und aus-pressen.

6 Garnelen abspülen und trocken tupfen. Das Olivenöl in einer Pfanne erhitzen und die Garnelen darin anbraten. Zitruszesten und Chili-flocken hinzugeben, mit Salz würzen und den Orangensaft hinzu-gießen. Die Garnelen unter Wenden 3–4 Minuten garen.

7 Coleslaw mit 2–3 Esslöffeln Zitronensaft abschmecken, mit Garnelen anrichten, mit beiseitegelegten Zitruszesten garnieren und mit Gemüsechips servieren.

TIPP:
Sie können die Garnelen durch etwa 300 g in Würfel geschnittenes Fischfilet oder Hähnchenbrustfilet ersetzen.

LABSKAUS-SALAT

FÜR GÄSTE

6 Portionen

Pro Portion:
E: 35 g, F: 24 g, Kh: 21 g,
kJ: 1878, kcal: 448, BE: 2,0

Für den Salat:
700 g festkochende Kartoffeln

1 Glas Rote Bete in Scheiben
  (Abtropfgewicht 220 g)
5 hart gekochte Eier
400 g Corned-Beef-Aufschnitt
375 g Matjesfilet
1 Zwiebel

Für die Salatsauce:
150 g saure Sahne
4 EL Schlagsahne
1 EL Weißweinessig
2 TL Himbeersirup
Salz
gemahlener Pfeffer

1 Bund Schnittlauch

Zubereitungszeit:
50 Minuten, ohne Abkühl- und
Durchziehzeit

1 Kartoffeln waschen, mit Wasser bedeckt, zugedeckt zum Kochen bringen und zugedeckt in 25–35 Minuten gar kochen. Kartoffeln abgießen, mit kaltem Wasser abschrecken, abtropfen und etwas abkühlen lassen, dann pellen und lauwarm abkühlen lassen. Kartoffeln in Scheiben schneiden und in eine große Schüssel geben.

2 Rote-Bete-Scheiben abtropfen lassen und halbieren oder vierteln. Eier pellen und in etwas größere Stücke schneiden. Corned Beef in Streifen schneiden.

3 Matjesfilets in Stücke schneiden, dabei evtl. Gräten entfernen. Zwiebel abziehen, zuerst in dünne Scheiben schneiden, dann in Ringe teilen. Die Salatzutaten zu den Kartoffelscheiben geben und mischen.

4 Für die Sauce saure Sahne mit Sahne, Essig und Sirup verrühren und mit Salz und Pfeffer abschmecken. Die Sauce unter die Salatzutaten mischen. Den Salat kalt gestellt etwa 30 Minuten durchziehen lassen.

5 Schnittlauch abspülen, trocken tupfen und in Röllchen schneiden. Salat mit Schnittlauchröllchen bestreut servieren.

TIPP:
Dazu passt herzhaftes Bauern- oder Roggenbrot.

LINSENSALAT MIT MATJES
ORIGINELL UND EINFACH

6 Portionen

Pro Portion:
E: 46 g, F: 40 g, Kh: 53 g,
kJ: 3173, kcal: 755, BE: 4,5

Für den Salat:
500 g Pardinalinsen
200 g Schinkenspeckwürfel
4 Schalotten (etwa 125 g)
4 rote Paprikaschoten
 (etwa 600 g)
½ Bund glatte Petersilie
etwa 600 g gut abgetropfte
 Rauchmatjesfilets oder Matjesfilets

Für das Dressing:
100 ml Sherry-Essig
35 g Honig, z. B. Akazienhonig
Salz
gemahlener Pfeffer
100 ml Speiseöl, z. B. Rapsöl

Zubereitungszeit:
45 Minuten, ohne Durchziehzeit

1 Die Linsen nach Packungsanleitung zubereiten. Dann auf ein Sieb abgießen und abtropfen lassen.

2 Inzwischen die Speckwürfel in einer Pfanne ohne weitere Fettzugabe bei schwacher Hitze kross ausbraten. Dann die Speckwürfel auf Küchenpapier abtropfen lassen.

3 Die Schalotten abziehen, längs halbieren und in dünne Scheiben schneiden. Die Paprikaschoten halbieren, entstielen, entkernen und die weißen Scheidewände entfernen. Schoten abspülen, abtropfen lassen, vierteln und in Streifen schneiden.

4 Petersilie abspülen, trocken tupfen und die Blättchen von den Stängeln zupfen. Einige Blättchen zum Garnieren beiseitelegen. Die restlichen Blättchen fein schneiden.

5 Matjesfilets in mundgerechte Stücke schneiden und in einer großen Schüssel mit Linsen, Schalotten, Speckwürfeln, Paprikastreifen und Petersilie mischen.

6 Für das Dressing Sherry-Essig mit dem Honig verrühren, mit Salz und Pfeffer würzen, danach das Speiseöl unterschlagen. Das Dressing mit den Salatzutaten vermischen. Den Salat zugedeckt im Kühlschrank etwa 1 Stunde durchziehen lassen.

7 Zum Servieren den Salat nochmals durchmischen, abschmecken und mit den beiseitegelegten Petersilienblättchen garnieren.

Beilage: Dazu Pumpernickel oder Vollkornbrot reichen.

TIPP:
Der Linsensalat kann bereits am Vortag zubereitet werden und im Kühlschrank wie beschrieben durchziehen.

HERINGSSALAT

KLASSISCH UND IMMER WIEDER GUT

6 Portionen

Pro Portion:
E: 24 g, F: 31 g, Kh: 26 g,
kJ: 2035, kcal: 486, BE: 2,0

Für den Salat:
500 g abgetropfte Bismarckheringe
   (aus dem Glas)
1 mittelgroßer Apfel
5 gegarte Pellkartoffeln
   (vom Vortag)
250 g Rote Bete
   (vorgegart, vakuumverpackt)
etwa 250 g abgetropfte Gewürzgurken (aus dem Glas)
250 g Schweinebratenaufschnitt

125 g Salatmayonnaise
1 TL mittelscharfer Senf
Salz
gemahlener Pfeffer

1–2 EL Wild-Preiselbeerdessert
Zucker
evtl. etwas Gurkenflüssigkeit
   (aus dem Glas)

Zubereitungszeit:
45 Minuten, ohne Durchziehzeit

1 Die Bismarckheringe in kleine Stücke schneiden.

2 Den Apfel schälen, vierteln und entkernen. Die Pellkartoffeln pellen. Apfel und Kartoffeln in kleine Stücke schneiden.

3 Rote Bete, Gewürzgurken und Schweinebratenaufschnitt ebenfalls in kleine Stücke schneiden.

4 Die Salatmayonnaise mit Senf verrühren, mit Salz und Pfeffer würzen. Die Salatzutaten mit der Mayonnaisemischung und den Preiselbeeren leicht vermischen. Den Salat mit Zucker und evtl. etwas Gurkenflüssigkeit abschmecken.

5 Den Salat zugedeckt mindestens 1 Stunde im Kühlschrank durchziehen lassen.

6 Zum Servieren den Salat nochmals durchmischen und mit Salz, Pfeffer, Zucker und evtl. etwas Gurkenflüssigkeit abschmecken.

Beilage: Vollkorn-Baguette oder Roggenbrötchen.

TIPP:

Den Salat zum Servieren mit etwas gehackter Petersilie bestreuen. Nach Belieben noch ½–1 Esslöffel abgetropfte, gehackte Kapern und eine abgezogene, fein gehackte Zwiebel unter den Salat geben.
Der Salat kann gut am Vortag zubereitet werden und über Nacht im Kühlschrank durchziehen.

LINSENSALAT MIT MATJES
ORIGINELL UND EINFACH

6 Portionen

Pro Portion:
E: 46 g, F: 40 g, Kh: 53 g,
kJ: 3173, kcal: 755, BE: 4,5

Für den Salat:
500 g Pardinalinsen
200 g Schinkenspeckwürfel
4 Schalotten (etwa 125 g)
4 rote Paprikaschoten
  (etwa 600 g)
½ Bund glatte Petersilie
etwa 600 g gut abgetropfte
  Rauchmatjesfilets oder Matjesfilets

Für das Dressing:
100 ml Sherry-Essig
35 g Honig, z. B. Akazienhonig
Salz
gemahlener Pfeffer
100 ml Speiseöl, z. B. Rapsöl

Zubereitungszeit:
45 Minuten, ohne Durchziehzeit

1 Die Linsen nach Packungsanleitung zubereiten. Dann auf ein Sieb abgießen und abtropfen lassen.

2 Inzwischen die Speckwürfel in einer Pfanne ohne weitere Fettzugabe bei schwacher Hitze kross ausbraten. Dann die Speckwürfel auf Küchenpapier abtropfen lassen.

3 Die Schalotten abziehen, längs halbieren und in dünne Scheiben schneiden. Die Paprikaschoten halbieren, entstielen, entkernen und die weißen Scheidewände entfernen. Schoten abspülen, abtropfen lassen, vierteln und in Streifen schneiden.

4 Petersilie abspülen, trocken tupfen und die Blättchen von den Stängeln zupfen. Einige Blättchen zum Garnieren beiseitelegen. Die restlichen Blättchen fein schneiden.

5 Matjesfilets in mundgerechte Stücke schneiden und in einer großen Schüssel mit Linsen, Schalotten, Speckwürfeln, Paprikastreifen und Petersilie mischen.

6 Für das Dressing Sherry-Essig mit dem Honig verrühren, mit Salz und Pfeffer würzen, danach das Speiseöl unterschlagen. Das Dressing mit den Salatzutaten vermischen. Den Salat zugedeckt im Kühlschrank etwa 1 Stunde durchziehen lassen.

7 Zum Servieren den Salat nochmals durchmischen, abschmecken und mit den beiseitegelegten Petersilienblättchen garnieren.

Beilage: Dazu Pumpernickel oder Vollkornbrot reichen.

TIPP:
Der Linsensalat kann bereits am Vortag zubereitet werden und im Kühlschrank wie beschrieben durchziehen.

RATGEBER

Knackige Blattsalate, frisches Gemüse, Pasta, Kartoffeln, Getreide oder Hülsenfrüchte, mit magerem Fleisch, Fisch oder lieber nicht, auf jeden Fall aber ein paar geröstete Nüsse und Kerne on top. Ob als Vorspeise, Beilage, kleiner Snack oder Hauptgericht: Die Kombinationsmöglichkeiten bei Salatrezepten sind schier unendlich. Werden sie mit den besten Zutaten aus der frischen, gesunden Küche zubereitet, sind Salate das perfekte Fit- und Vital-Food zur Stärkung des Wohlbefindens. Sauce, Dressing oder Vinaigrette runden den Geschmack Ihres Salats ab.

Richtig kaufen und optimal lagern

Kaufen Sie die richtige Ware und lagern Sie diese optimal. Wenn Sie bei Einkauf und Lagerung ein paar Grundregeln beachten, bleiben die Vitamine, Mineral- und Ballaststoffe garantiert nicht auf der Strecke:

Salate & Gemüse

Vor allem Blattsalate und Gemüse enthalten wichtige Vitamine, Mineralstoffe und Spurenelemente, aber so gut wie kein Fett. Dadurch sind sie für eine gesunde, kalorienarme Ernährung bestens geeignet.
• Verwenden Sie immer frische, knackige Rohware, nach Möglichkeit aus dem regionalen (Bio-)Freilandanbau.
• Freilandware, die entsprechend der Saison auf dem Markt ist, ist der Gewächshausware vorzuziehen, denn regionale Produkte haben keine langen Transportwege. Sie können vollreif geerntet und verkauft werden. So hat einheimische Ware nicht nur die nötige Frische, sondern auch den vollen Geschmack, ist nährstoffreich und zur Hauptsaison zudem besonders preiswert.
• Lagern Sie Gemüse und Salate möglichst kurz, damit nur wenige Nähr- und Aromastoffe verloren gehen. Bewahren Sie Gemüse und Salate nach Möglichkeit im kühlen Keller auf. Möhren, Radieschen und festere Gemüse wie Blumenkohl und Brokkoli können auch einige Tage im Gemüsefach des Kühlschranks gelagert werden.
• Frische Blattsalate zum Aufbewahren in ein feuchtes Tuch wickeln oder in einen großen Plastikbeutel geben. Etwas Luft hineinblasen, den Beutel fest verschließen und im Gemüsefach des Kühlschranks aufbewahren. So wird der Salat nicht zerdrückt und bleibt länger frisch.

Fleisch & Fisch

• Es ist nicht einfach, eine gute Fleischqualität äußerlich zu erkennen. Kaufen Sie keine Fleischwaren, die angetrocknet und grau aussehen.
• Vertrauen Sie Ihrem Metzger, der Fleisch aus artgerechter Haltung anbietet und Ihnen sagen kann, wo die Tiere aufgewachsen sind. Qualitativ hochwertiges Fleisch verliert weniger „Wasser" beim Braten oder Grillen, es bleibt saftig und aromatisch.
• Beim Fischkauf rät Ihnen der WWF-Einkaufsratgeber welcher Fisch eine gute Wahl für Ihren Speiseplan ist. Zu empfehlen sind Fische mit dem MSC-Siegel. Das Siegel kennzeichnet Fisch aus nachhaltig arbeitenden Fischereien.
• Frische, ganze Fische und Fischstücke riechen nicht unangenehm fischig, sondern frisch und bestenfalls unauffällig nach Meer.
• Fisch verdirbt relativ schnell, bereiten Sie ihn am besten am Tag des Einkaufs zu.

Salat zubereiten

Salate sind zarte Wesen. Behandeln Sie sie schonend. Hier einige Tipps:
• Entfernen Sie die äußeren und unansehnlichen Blätter.
• Zerteilen Sie den Salatkopf in einzelne Blätter und entfernen Sie dabei schlechte Stellen.
• Waschen Sie die unzerteilten Blätter vorsichtig, aber gründlich in kaltem Wasser, stark verschmutzten Salat auch mehrmals. Dabei die Blätter nicht drücken oder im Wasser liegen lassen.
• Geben Sie die Blätter zum Abtropfen auf ein Sieb oder nutzen Sie eine Salatschleuder.
• Entfernen Sie grobe Stiele und harte Mittelrippen und zerpflücken Sie die Salatblätter in mundgerechte Stücke. Festere Salatsorten wie z. B. Chicorée oder Eisbergsalat können auch geschnitten werden.
• Vorbereitetes Gemüse fein oder grob raspeln oder in Scheiben oder Stifte schneiden.
• Geben Sie die Salatzutaten in eine ausreichend große Schüssel, damit sie sich locker mit der Sauce mischen lassen.
• Blattsalate immer erst unmittelbar vor dem Servieren mit der Sauce mischen, sonst fallen sie leicht zusammen.

ALLGEMEINE HINWEISE

Abkürzungen

EL	=	Esslöffel
TL	=	Teelöffel
Msp.	=	Messerspitze
Pck.	=	Packung/Päckchen
g	=	Gramm
kg	=	Kilogramm
ml	=	Milliliter
l	=	Liter
evtl.	=	eventuell
geh.	=	gehäuft
gem.	=	gemahlen
ger.	=	gerieben
gestr.	=	gestrichen
TK	=	Tiefkühlprodukt
°C	=	Grad Celsius
Ø	=	Durchmesser

Kalorien-/Nährwertangaben

E	=	Eiweiß
F	=	Fett
Kh	=	Kohlenhydrate
kJ	=	Kilojoule
kcal	=	Kilokalorien
BE	=	Broteinheiten

Bei den Nährwertangaben in den Rezepten handelt es sich um auf- bzw. abgerundete ganze Werte. Lediglich die Broteinheiten werden mit einer Stelle nach dem Komma angegeben. Aufgrund von ständigen Rohstoffschwankungen und/oder Rezepturveränderungen bei Lebensmitteln, kann es zu Abweichungen kommen. Die Nährwertangaben dienen daher lediglich Ihrer Orientierung und eignen sich nur bedingt für die Berechnung eines Diätplans, zum Beispiel bei Krankheiten wie Diabetes. Bei krankheitsbedingten Diäten richten Sie sich daher bitte nach den Anweisungen Ihres Diätassistenten bzw. Ihres Arztes.

Hinweise zu den Rezepten

Lesen Sie bitte vor der Zubereitung – besser noch vor dem Einkaufen – das Rezept einmal vollständig durch. Oft werden Arbeitsabläufe oder -zusammenhänge dann klarer.

Die Zutaten sind in der Reihenfolge ihrer Verarbeitung aufgeführt. Die Arbeitsschritte sind einzeln hervorgehoben, in der Reihenfolge, in der wir sie ausprobiert haben.

Zubereitungszeiten

Die Zubereitungszeit ist ein Anhaltswert für die Dauer der Vorbereitung und die eigentliche Zubereitung. Längere Wartezeiten wie Kühl- oder Abkühlzeiten, Auftau- und Durchziehzeiten sind, sofern parallel keine weitere Tätigkeit erfolgt, nicht mit einbezogen. Die Gar- und Backzeiten sind ebenfalls im Rezept angegeben.

Backofeneinstellung

Die in den Rezepten angegebenen Gar- und Backtemperaturen sowie -zeiten sind Richtwerte, die je nach individueller Hitzeleistung des Backofens über- oder unterschritten werden können. Die Temperaturangaben in diesem Buch beziehen sich auf Elektrobacköfen. Die Möglichkeiten der Temperatureinstellung für Gasbacköfen variieren je nach Hersteller, sodass wir keine allgemeingültigen Angaben machen können. Bitte beachten Sie deshalb auch die Gebrauchsanweisung des Herstellers. Ein Backofenthermometer eignet sich dabei gut, um die Backofentemperatur im Blick zu haben.

KAPITELREGISTER